W0300104

Willee Regensburger

KRAFTTIER REISEN

arkana

Willee Regensburger

KRAFTTIER REISEN

Die Hilfe schamanischer Begleiter aktivieren

MIX
Papier aus verantwortungsvollen Quellen
FSC® C005833

Verlagsgruppe Random House FSC-DEU-0100
Das FSC®-zertifizierte Papier *Munken Premium Cream*
für dieses Buch liefert Arctic Paper Munkedal, AB, Schweden

1. Auflage
Originalausgabe
© 2011 Arkana, München
in der Verlagsgruppe Random House GmbH
Lektorat: Daniela Weise
Satz und Layout: Grafikdesign Storch, Rosenheim
Umschlaggestaltung: Uno Werbeagentur, München
Umschlagmotiv: Willee Regensburger
Druck und Bindung: Těšínska tiskárna, a.S., Český Těšín
Printed in the Czech Republic
978-3-442-33894-8

www.arkana-verlag.de

Inhalt

Danksagung

Ein Traum ist Wirklichkeit geworden: Vor Ihnen liegt ein Buch, das Ausdruck meiner Liebe zu Tieren und meiner langjährigen schamanischen Arbeit ist. Herzlich möchte ich folgenden Menschen danken: Usha Swamy vom Arkana-Verlag, die angeregt hat, dass die Gedanken und Übungen zum Thema Krafttierreisen in dieser Form in die Welt gekommen sind, und die den Entstehungsprozess des Buches begleitet hat. Herzlich möchte ich auch folgenden Menschen danken: meiner Frau Barbara, die das Schreiben mit ihrer intimen Kenntnis meiner Gedankenwelt und ihrer Kompetenz sowie mit sicherem Gefühl für Stil und Satzbau als beständige Korrektorin begleitet hat, und Daniela Weise als Lektorin, die dem Buch zur endgültigen Form verholfen hat. Eva Binnemann für die Anregungen und die Unterstützung beim Schreiben sowie für die Freiräume, die sie mir durch ihren Einsatz verschafft hat. Claudia Kunzlmann, die jahrelang meine Vorträge und Seminare protokolliert hat. Ihre Arbeit war für mich und dieses Buch sehr hilfreich. Meinen Eltern Max und Hildegard Regensburger, die mir in meiner Kindheit ermöglicht haben, viele Tiere zu beherbergen, großzuziehen und mit uns leben zu lassen, sodass mein Verhältnis zu den Krafttieren früh eine Basis bekommen hat.

An dieser Stelle möchte ich alle meine schamanischen Lehrerinnen und Lehrer würdigen, die in irgendeiner Weise zu meiner Entwicklung beigetragen haben. Meine Seminarteilnehmer und schamanischen Schüler sind für mich ein Geschenk. Mit ihnen konnte ich diese und andere Wege erproben, durchführen und zu Erfahrungen ausbauen. Ihre Bereitschaft und Experimentierfreude, mit mir zu gehen, war und ist groß. Für Sie, liebe Leserinnen und Leser, Totemträger und Krafttierreisende, wünsche ich mir das auch.

Mit Freude
Shaman-Willee Regensburger

Einleitung

Der Wolf am nächtlichen Präriefeuer

Ich fühle alles,
denn ich war schon alles.

Sie konnte sich erinnern, vor langer Zeit immer wieder vom Wolf geträumt zu haben. Er schien fast in Vergessenheit geraten zu sein. Ihre Krafttierreise würde nutzlos sein, ihre Fantasie nicht ausreichen und ihre Vorstellungskraft nicht genügen. So saß sie in der Gruppe und zweifelte. Sie folgte nur mit mäßigem Engagement der Entspannungsanleitung, und die Vorstellung, in einen Tunnel oder Gang unter die Erde zu steigen, schien ihr sowieso unmöglich. Anfangs öffnete sie immer wieder die Augen und sagte, sie sehe nichts.

Geduld.

Eine Stunde später erzählte sie in der Gruppe beglückt und ergriffen völlig unerwartete und für sie reiche Momente ihrer schamanischen Krafttierreise.

Als zögerlich schilderte sie ihren Zugang zu dem Loch im Wurzelbereich eines Baumes, an dem sie im Park beim Spa-

zierengehen vorbeiging. Das Eindringen war ihr zuwider, und vor den Würmern, Spinnen und komischen Insekten, die sie dort zu erwarten glaubte, gruselte ihr. Doch dann verlief alles ganz anders. Schon beim Eindringen in die Erde eröffnete sich ihr ein warmer Raum, groß genug, um stehen zu können, und eigenartig hell, entgegen all ihren Erwartungen. Schon bald fand sie sich in einem Raum, der mit Kerzen erleuchtet und dessen Wände von tausend glänzenden Tierstatuen bedeckt war. Wie selbstverständlich opferte sie Reis, Obst und Räucherstäbchen, die ihr plötzlich zur Verfügung standen, und bat um eine gute Reise. So erfüllt durchlief sie einen langen Gang. Dieser stieg nach einiger Zeit an und entließ sie in der Abendämmerung in eine Landschaft ähnlich der nordamerikanischen Prärie, die sie aus Naturfilmen kannte. Sie war mit dem Auftrag auf die Reise gegangen, ihr Krafttier zu suchen. Dieses Tier sollte vielleicht schon an dem Ausgang des unterirdischen Tunnels stehen. Aber es war nur dämmrig.
Sie vernahm Tierlaute, den Wind, sah den letzten Schimmer des Abendlichts am Horizont rosa-hellblau verblassen. Aus einem inneren Antrieb machte sie sich auf den Weg und bat um Hilfe. Sie spürte irgendein Wesen, von dem sie nichts sah, aber das eine Art von Sicherheit ausströmte. Sie war über sich selbst ganz erstaunt, mit dieser Sicherheit durch die dunkler werdende Prärie zu marschieren. In der Ferne sah sie große, dunkle Schatten, die sich bewegten. Bi-

sons, vermutete sie. Es raschelte in den trockenen Gräsern. Ein Schatten begleitete sie wie ein Hund mit gleichbleibendem Abstand. Sie rief den Schatten, gab sich zu erkennen, nannte ihren Namen, bat, den Schatten sehen zu dürfen. Jäh erinnerte sie sich an den Wolf, von dem sie früher geträumt hatte. Die Sterne waren am Himmel zu sehen, und der Mond erhellte die Nacht. In seinem Licht erkannte sie den Wolf.

Unsicher und interessiert zugleich rief sie nach ihm. Er war es. Er näherte sich ihr. Sie streckte die Hand aus. Nein, so weit war es noch nicht. In der Ferne an einem Hügel sah sie ein Feuer glühen. Sie ging näher. Der Wolf folgte ihr. An dem Feuer saß ein Indianer, der sie mit einer Handbewegung aufforderte, näher zu treten und sich zu setzen. Sie nahm am Feuer gegenüber Platz, und der Wolf, ein alter, grauer, weiser Wolf, setze sich dazu. Eigenartig.

Sie blieb stumm, bis der Indianer sie einlud zu sprechen. Sie sagte, sie suche ihr Krafttier, und der Indianer antwortete: »Hier ist dein Wolf.«

»Mein Wolf?«

»Du hast noch mehr Krafttiere, die dich begleiten. Wenn du mit dem Wolf tanzt, wirst du auch noch die anderen kennenlernen. Es sind noch Plätze an unserem Feuer frei.«

Sie fragte den Indianer, wer er sei, doch der meinte, heute sei das nicht wichtig, heute müsse sie mit dem Wolf sprechen.

Der Wolf gab knurrende Zeichen des Einverständnisses. Sie erinnerte sich an die Träume. Der Wolf am Feuer sprach zu ihr von seiner Kraft und Weisheit. Es sei Zeit, sie jetzt zu nutzen. Jetzt sei sie reif, ihre Position mit seiner Hilfe zu beziehen. Sie verstand alles, obwohl sich der Wolf nicht in einer menschlichen Sprache äußerte. Ihr war alles klar.

Der Indianer nickte zustimmend bei allem, was zwischen ihr und dem Wolf stattfand, dann verschwand er, und sie blieb mit ihrem Wolf allein zurück. Der alte Wolf bot ihr an, sie könne ihn jederzeit rufen. Er und seine Kraft, seine Weisheit und sein Instinkt stünden ihr zur Verfügung.

»Gehe an deine Arbeit, sei mutig, stelle dich dem, was dir angeboten wird, und rufe mich, wenn du in Zweifel bist. Ich komme, selbst wenn ich weit weg und unterwegs bin, sofort zu dir und unterstütze dich. Es kann sein, dass ich dich auch kneife oder etwas in die Waden beiße, wenn du zögerst.«

Der Wolf schenkte ihr noch einen eigenartigen grauen Stein. Sie bedankte sich und verabschiedete sich von ihm. Als sie das abgebrannte Feuer verließ, spürte sie, wie sein Schatten sie bis zum Eingang des Ganges begleitete, in dem sie zurückreiste. Vorbei an den brennenden Kerzen im unterirdischen Tempel.

Als sie nach dreimaligem Klopfen auf den Boden wieder den Raum, die Umgebung, die Gruppe von Menschen wahrnahm, die sie vor ihrer Reise zurückgelassen hatte, fing sie vor Freude und vor Glück an zu weinen: wegen der gefühlten inneren Stärke und dem Geschenk, das ihr auf der Reise gemacht wurde. Sie fühlte sich gestärkt für die in ihrem Leben anstehenden Aufgaben.

Solche oder ähnliche Erfahrungen werden Sie im Verlauf der Krafttierreisen auch machen. Sie werden Tiere kennenlernen, die Ihnen schon bekannt waren. Sie werden sich mit Tieren anfreunden und ihre Eigenschaften für Ihr eigenes Fortkommen schätzen lernen. Manchmal werden Sie vielleicht auch solche Selbstzweifel haben, und dann entdecken Sie eine wunderbare Welt, die Sie emotional und geistig berührt und unterstützt. Sie brauchen dazu keine Vorkenntnisse. Sie können es. Manchmal braucht es dazu ein paar Versuche. Jeder kann diese Reisen durchführen, und jede Person kann die stärkenden Eigenschaften, die sich durch die Arbeit mit Krafttieren ergeben, wahrnehmen.

Kennen Sie schon Ihr Krafttier?

Sie haben bereits ein Krafttier, auch wenn Ihnen das vielleicht noch gar nicht bewusst ist. Gehen Sie einmal aufmerksam durch Ihre Wohnung. Welche Tiere finden Sie vor, in Wort oder Bild? Haben Sie Tierbilder, kleine oder größere Tierfiguren, und sind auf Gegenständen, zum Beispiel auf Gefäßen, Tiere dargestellt? Ist beispielsweise in der Stickerei Ihres Tischtuchs ein Tier verewigt? Sind auf einem Vorhang Tiere abgebildet? Nehmen Sie sich Ihren Schmuck, Glücksbringer und Schlüsselanhänger vor. Womöglich werden Sie im Bad fündig – bei der Seife oder dem Duschvorhang! Steht vielleicht eine Schildkröte aus Silber oder ein Delfin aus Glas auf der Kommode im Wohnzimmer, haben Sie einen Bären auf dem Tischuntersetzer oder einen Auerhahn auf dem Bierkrug? Schreiben Sie die Tiere auf, die Sie vorgefunden haben, und notieren Sie sich bei jedem die Anzahl. Halten Sie fest, welches Tier Ihnen am häufigsten begegnet. Am besten, Sie legen sich eine Art Tagebuch zu, das Ihnen auch bei Ihrer weiteren Krafttierarbeit als eine Art »Reisetagebuch« dienen kann.

Es gibt noch weitere Möglichkeiten, Ihrem persönlichen Krafttier bzw. Ihren Krafttieren auf die Spur zu kommen, und ich werde sie Ihnen im Folgenden darstellen.

Was Ihnen Sammlungen verraten

Wer alle möglichen Figuren einer bestimmten Tierart sammelt, der hat schon einen deutlichen Hinweis. Einer meiner Freunde sammelt Frösche – aus Glas, Holz und Plastik, springende, sitzende, Wetter anzeigende Frösche. Er besitzt Hunderte, vielleicht sogar Tausende von Fröschen, die er gekauft, geschenkt bekommen oder gefunden hat. Mein

Freund ist Diplomat, und so ist der Frosch, der die Farbe wechseln und auch die Gestalt von der beinlosen Kaulquappe bis zum langschenkligen Frosch verändern kann, wunderbar passend zum Beruf. Frosch und Kröte können ihren Aufenthaltsort zwischen Luft, Wasser, auf und unter der Erde wählen. Diese in vielen Teilen der Welt lebenden Wesen sind ein sprechendes Symbol für Anpassungsfähigkeit. Unter anderem. Vielleicht fallen Ihnen noch weitere Eigenschaften oder Geschichten und Witze dazu ein, andere Aspekte des Krafttierbewusstseins, die der Frosch repräsentiert. Achten Sie auf Ihre Assoziationen, und lassen Sie sich auf die Gedankenabläufe ein.

Nicht jeder ist ein so exzessiver Sammler wie mein Freund. Auch eine kleine Sammlung oder einige Liebhaberobjekte können, wie gesagt, sehr aussagekräftig sein. Schauen Sie sich also in Ihrer Wohnung um.

Verbinden Sie vielleicht sogar ganz bestimmte Momente Ihres Lebens mit einem der Tiere, das bei Ihnen besonders oft vorkommt? Bekamen Sie eine Porzellantaube zur Hochzeit, einen Steinpapagei zum Geburtstag, oder haben Sie eine Muschel aus dem Urlaub mitgebracht? Sie werden sehen, es findet sich etwas in Ihrer Umgebung, das Sie unter dem Aspekt der Krafttiersuche überraschen wird.

Eine der ältesten Teilnehmerinnen in meinen Kursen erfuhr von ihrem Krafttier, dem Bären, und war nicht wirklich überrascht, dieses große, eigenwillige Geschöpf als ihr

Krafttier zu entdecken. Nach einem Seminar fuhr ich sie nach Hause, und schon am Wohnungseingang erkannte ich einen Bären, der sich als Schlüsselbrett tarnte. Tatsächlich zierten ungewöhnlich viele Bärdarstellungen ihren Wohnraum.

Wenn Sie glauben, nichts gefunden zu haben, dann schauen Sie sich doch mal Ihr Halskettchen an. Vielleicht findet sich dort ein Widder, Stier, Krebs, Löwe, Skorpion, Steinbock oder zwei Fische – dann können Sie sich später bei der Anleitung zur Krafttiersuche in diese Richtung auf den Weg machen und eine Begegnung mit diesem Tier herbeiführen. Vielleicht sagen Sie schon seit Jahren, dass Sie sich als Löwe dieses oder jenes nicht gefallen lassen.

Haben Sie schon bemerkt, dass unser Alltag, so fern er der Natur auch sein mag, doch erfüllt ist von einer Menge Tiergestalten? Indem Sie ihnen Aufmerksamkeit schenken, holen Sie diese Krafttiere aus dem Nebensächlichen und Unbedeutenden hervor ans Licht der Einzigartigkeit und Nützlichkeit.

Namen sind alles andere als Schall und Rauch

Wenn Sie darüber nachdenken, wie Sie heißen oder wie Sie genannt werden, erhalten Sie möglicherweise einen einfachen Hinweis auf Ihr Krafttier oder eines Ihrer Krafttiere. Tiger Woods, der Golfprofi, der Sänger Max Raabe, die Krimi-Autorin Donna Leon – das alles sind sprechende Namen, die entweder gewählt wurden oder tatsächliche Geburtsnamen sind. Heißen Sie Wolfgang, Gallus, Leo oder Ursula? Werden Sie von Ihrem oder Ihrer Liebsten Bärchen, Mausi oder Tiger genannt? Lautet Ihr Nachname Fuchs, Falter, Schimmel oder Schöps (Hammel) oder Sovik (tschechisch Eule)? Kommen Sie aus Ebersberg oder dem Fuchsholz? Ist Ihr Hausname Meise oder Storchen, Ihr Lieblingswirt der »Weiße Hirsch« oder der »Wilde Ochse«, oder wohnen Sie in der Stierstraße oder dem Rotkehlchenweg?

Schütteln Sie nicht ungläubig den Kopf, sondern machen Sie sich mit mir auf die Reise zu diesen Tieren. Erfahren Sie, ob es mehr ist als nur Zufall oder Gewohnheit, warum Sie Biene, Spatz oder Häschen genannt werden. Lassen Sie sich diese wertvollen Hinweise nicht entgehen. Namen zeigen Ihnen, woher Sie kommen oder welche Eigenschaften in Ihnen entdeckt, erzeugt oder gestärkt werden können.

Mein Vater kannte ein Ehepaar, das den Familiennamen Elefant führte. Herr Elefant war ein Hüne von einem Mann, seine Frau dagegen klein und zierlich. Sie erzählten, sie hätten sich kennengelernt, als sie beide im Postamt ihre Namen nannten. Sie hieß nämlich, zu ihrer Körpergröße passend, mit ihrem Geburtsnamen Maus.

Tiere der Kindheit

Wenn ich einen Vortrag zum Thema Krafttiere halte, baue ich meist kleine Übungen ein. Bei einem der letzten Male war eine Teilnehmerin dabei, die auf einer kleinen Krafttierreise keinem Tier begegnete. Ich schlug ihr für eine kleine Übung als Krafttier das Pferd vor. Sie stutzte und meinte, sie habe keinen Bezug dazu. Ich fragte sie, mit welchen Tieren sie in ihrem Leben am meisten zu tun gehabt habe und ob sie in ihrer Kindheit viel mit Pferden zusammen gewesen sei. Während der Krafttierreise war sie über Ahnungen hinaus nicht an ihre verschütteten Erinnerungen gekommen, während ich mich während der kleinen Übung mit ihr und den anderen Teilnehmern schamanisch verbunden hatte, um zu spüren, auf welchen Wegen sich die Krafttierreisenden bewegten. Da war irgendwie ein Pferd, das sie aber mehr gedacht als gesehen hatte. Doch nun erwachte die Erinnerung an ihre Kindheit und ihr Leben mit den Pferden. Plötzlich sagte sie vor allen Zuhörern, dass sie zu Hause ganz viele selbst gemalte Pferdebilder habe.

Diese kleine Geschichte gibt sehr genau wieder, wie wir uns von unseren Krafttieren, die wir schon als Kinder in unser Leben eingelassen haben, trennen, wenn eine Enttäuschung oder die harte Welt uns weit weg führt von dem, was unser Herz liebt.

Frühe Begegnungen mit Tieren können uns ein Wegweiser sein. Vielleicht haben Sie ein Küken oder ein Vögelchen

hochgepäppelt, vielleicht war Ihr Tier ein kleiner, possierlicher Marder oder ein winziger, schrumpeliger, tollpatschiger, weichstacheliger Igel mit süßen rosa Füßchen. Nur die wenigsten hatten die Möglichkeit, wie die Autorin und Naturforscherin Joy Adamson mit Löwen zusammenzuleben oder wie Mogli, der Held von Rudyard Kiplings *Dschungelbuch*, mit Bär und Panther die Kindheit zu teilen. Haben Sie an der Nordsee einen Heuler aufgezogen, oder haben Sie einen Kranich oder einen Storch, der auf seiner Wanderung verletzt wurde, über den Winter gebracht? Meine Frau beispielsweise verliebte sich in einen kleinen Löwen, der in einem italienischen Teppichladen gehalten wurde und den sie sogar auf den Arm nehmen durfte.
Kaninchen, Meerschweinchen, Hamster, Chinchillas, Springmäuse, Kanarienvögel und Wellensittiche, Geckos, Zauneidechsen, Vogelspinnen können Ihnen auf diesem Weg schon begegnet sein. Ich selbst habe in meiner Kindheit und Jugend viele Vögel aufgezogen und gepflegt. Eine Spätzin, Hansi, wurde 16 Jahre alt. Mit der Zeit wurden ihre Federn weiß. Sie begleitete mich und die ganze Familie mit großer Zuneigung. Gerne lag sie unter dem Hemd im Schultergrübchen und machte es sich dort bequem. Ente, Huhn, Krähe, Schildkröten, Schlangen, Hamster und Fledermäuse waren weitere Gefährten meiner Kindheit. Molche, Frösche, Mäuse, Katze und Hund sind mir Begleiter im Leben. Sie werden diese Tiere, die Sie in Ihrem Leben gut kennen-

Aufgabe : Tiere der Kindheit

Hilfsmittel: Reisetagebuch

Schreiben Sie alle Tiere der Kindheit und Jugendzeit auf:

- Tiere, die Sie selbst oder Ihre Familie zu Hause pflegten
- Tiere, mit denen Sie in Ihrer Freizeit Kontakt hatten
- alle Tiere, an die Sie sich außerdem noch erinnern können, wie beispielsweise Spiel- und Kuscheltiere
- Bringen Sie diese Tiere in eine Reihenfolge der Beliebtheit, egal ob es lebende waren oder Spieltiere.

Mit den drei wichtigsten bzw. am häufigsten in Ihrem Leben vorkommenden Tieren führen Sie die ersten Krafttierreisen durch.

lernten und zu denen eine tiefere Verbindung bestand oder besteht, auch bei Ihren Reisen einladen, aufzutauchen und stärkende Erlebnisse hervorzurufen.
Denken Sie an die Kuscheltiere, die Sie in Ihrem Bett oder auf dem Sofa als sprechende und zuhörende Wesen begleitet haben. Der weiße, knuddelige Eisbär, den Ihr Vater beim

Jahrmarktschießen für Sie gewonnen hat, oder der mehrfach in den Dreck gefallene, gewaschene und wieder reparierte Bär, den Ihre Schwester schon liebhatte und den Sie ihr abgeluchst haben. Vielleicht ist es auch der Glasvogel, den Ihre Großmutter in einer Vitrine vor Ihren Händen geschützt hat und den sie nur an besonderen Feiertagen herausnahm, um ihn Ihnen für kurze Minuten in die Hand zu geben. Es mag da eine ganze Menge an verlorenen Erinnerungen geben, die Sie nun wiederentdecken können.

Ein faszinierender Weg: Krafttierreisen

In den letzten Jahren ist das Interesse an Krafttieren deutlich gestiegen. Krafttiere verkörpern auf der psychischen bzw. inneren Ebene unsere Fähigkeiten und Kräfte. Wenn wir ihnen durch innere Bilder und geistige Reisen, sogenannte Krafttierreisen, unmittelbar begegnen, stellen sie – ebenfalls geistig – eine inspirierende Umgebung zur Verfügung, die es uns erlaubt, für unser körperliches und seelisches Befinden Unterstützung und Erweiterung zu finden. So werden Sie wieder Teil der geistigen und der biologisch verankerten Welt, zu der Sie vielleicht den Kontakt verloren hatten. Aus dieser anderen Welt können Sie sich Gesundheit, Kraft sowie sinnvolle Informationen für Ihr Leben holen und einen wahren Zauber vorfinden, der Ihnen ganz neue Möglichkeiten im Leben bis hin zu Wundern eröffnet. Jeder von uns hat mehrere Krafttiere, und sie stellen jeweils unterschiedliche Seelenaspekte dar. Wenn im Folgenden von »Ihrem Krafttier« bzw. »dem Krafttier« die Rede ist, dann bedeutet das, dass das gerade auftauchende Tier gemeint ist oder aber dasjenige, welches für Sie – derzeit – die größte Bedeutung hat.

Mit diesem Buch will ich Ihnen die Welt der Krafttiere zugänglich und erlebbar machen. Bei meinen Vorträgen und Seminaren habe ich das Bedürfnis und die Sehnsucht vieler Menschen nach Krafttieren gespürt. Es gibt den Wunsch, sich über die Tiere mit der Natur zu verbinden, die Bedeutung der Tiere für unsere innere Befindlichkeit und unsere psychische Gesundheit kennenzulernen und sie als Führer und Begleiter in unser Leben einzulassen. Wir wünschen uns, sie könnten uns Wahrheiten und Kräfte vermitteln, die uns sonst verborgen oder unzugänglich blieben. Von der spirituellen Weisheit der Krafttierreise möchte ich Ihnen berichten und den Tiefenraum der schamanischen Arbeit und ihr Glücksversprechen – Kraft, Vitalität, erhöhte sinnliche Wahrnehmung, Zugang zu sonst unzugänglich erscheinenden Wissensgebieten – erschließen. Nicht zuletzt wachsen mit der schamanischen Krafttierarbeit das Verständnis von der Natur und die Nähe zu ihr.

Sollten Ihnen die schamanische Arbeit und Krafttiere gänzlich neu sein, haben Sie hier einen Wegweiser in der Hand, der Ihnen hilft, sich auf dem noch unbekannten Gebiet zurechtzufinden. Wenn Sie mit Krafttieren bereits Erfahrungen haben, eröffnen sich durch meine Beschreibungen und Beispiele Möglichkeiten, noch weitergehende Verbindungen mit Krafttieren aufzunehmen.

Das Buch gliedert sich in drei Teile: Der erste Teil führt Sie in die Grundlagen ein. Im zweiten Teil finden Sie Anleitungen zur Tiefenentspannung, zu Imaginationen und zu verschiedenen Krafttierreisen. Sie können sofort mit diesen Übungen beginnen und die anderen Teile danach lesen. Die Übungen sind so einfach gehalten, dass Sie deren Anleitungen gut folgen können. Sie werden auf sehr einfache Weise mit Ihrem Krafttier in Kontakt kommen und Krafttierreisen mit Imaginationen und Träumen entdecken. Die Höhepunkte finden Sie dann in den schamanischen Krafttierreisen.

Im Anschluss daran sind Rituale beschrieben, die Ihnen und Ihrem Krafttier das Zusammensein erleichtern und den geeigneten Rahmen für Ihre Krafttierreisen bieten.

Schließlich demonstriere ich Ihnen einen exemplarischen Entwicklungsweg mit einem Krafttier am Beispiel des Wolfes.

Tatsächlich macht jeder Mensch irgendwann eine Krafttierreise, ohne dies zu bemerken. Sie sind vermutlich als Kind oder auch als Erwachsener schon im Geiste geflogen, haben sich vorgestellt, wie es ist, frei wie ein Vogel durch die Lüfte zu schweben, oder Sie haben sich beim Streicheln oder sogar beim bloßen Betrachten einer Katze entspannt, oder Sie haben sich vorgestellt, zu brüllen wie ein Löwe. Na, sehen Sie! Denken Sie mal darüber nach.

Die Tiere auf meiner Trommel

Viele Tiere und Wesen zieren meine selbst bemalte schamanische Trommel, die ich seit Jahren benutze und die mit mir gewachsen ist. Sie ist übrigens vorne auf dem Buch abgebildet. Schon das Wapitileder, die Federn von Adler, Bussard, Falke, Strauß, Fasan und anderen Vögeln sowie die Pferdehaare sind tierischer Herkunft. Auf der Trommelhaut sind so große und bekannte Tiere wie Bär und Wolf, Adler, Giraffe und Geier dargestellt, aber auch so eigenartige wie das Frettchen und so unauffällige wie die Biene.

Warum befinden sich auf meiner Trommel so viele Tiere? Nun, im Laufe der schamanischen Arbeit haben sich meine Begegnungen mit Tieren in der Natur, in Träumen und auf schamanischen Reisen gehäuft. Nach und nach haben sich mein innerer Kosmos und meine äußeren Begegnungen mit diesen lebenden Wesen verbunden. Nachdem ich zum Beispiel im Pine-Ridge-Reservat der Lakota in South Dakota, USA, beim Hausbau vom Dach gefallen war, nannten mich meine indianischen Freunde »Sea Gull Broken Rib« (Seemöwe gebrochene Rippe). Mit »sea gull« machten sie sich gleich auch noch über meine schlechte Aussprache von »seaeagle« (Seeadler) lustig.

Auf meinem Trommelfell finden sich aber noch andere Wesen, die ebenfalls Teil meines schamanischen Kosmos sind und zu denen ich, wie auch zu den Tieren, unterschiedliche Zugänge habe. Die Trommel selbst ist ein Wesen, sie ist geweiht, und sie spricht und singt in einer eigenen Sprache. Sie ist ein Reittier, auf dessen Tönen, klappernden Hufen gleich, die schamanischen Welten bereist werden. Und der Trommelschlegel ist der Stock, mit welchem dem Reittier das Signal für Schnelligkeit und Richtung gegeben wird.

Die Vignetten in diesem Buch zeigen Ihnen eine Vielzahl der möglichen Krafttiere, die Ihnen bei den Reisen begegnen können. Noch ein Hinweis: In der Regel ist im Text die männliche Form gewählt – etwa der Begleiter –, dies allerdings nur wegen der besseren Lesbarkeit. Natürlich sind immer sowohl Frauen wie auch Männer gemeint.

Teil 1
Äusserer und innerer Kosmos

Krafttierreisen – ein Vermächtnis von Jahrtausenden

Seit alten Zeiten sind Krafttierreisen, Krafttierrituale und Krafttiermasken bekannt. So ahmten im südlichen Afrika die San (früher Buschmänner genannt) Gestalt und Verhaltensweisen von Nashornvögeln und Warzenschweinen nach. Die Ureinwohner Australiens fanden, wenn sie den Tanz der Emus und der Raubbäutler tanzten, in einen anderen Bewusstseinsstrom, in dem sie die Erlaubnis zur Jagd oder Hinweise für Opferungen erhielten.
Die Azteken Mexikos ahmten Jaguar und den metallisch bunten Vogel Quetzal in meditativer Haltung und Bewegung nach, um die ganze Umwelt in ihrer reichen Verästelung und Verbindung wahrzunehmen. Übereinstimmende Schilderungen vom Paradies aus verschiedenen Kulturen

erzählen vom idealen Zusammenleben der Menschen mit den Tieren. Grundlage ist die gemeinsame Herkunft des Lebens.

In den verschiedenen Kulturen gibt es viele Rituale, in denen Tiere eine bedeutende Rolle spielen – von Verehrung bis zur grausamen Tötung wird den Tieren durch den Menschen alles zugemutet. In dem Rattentempel Karni Mata in Indien werden Ratten als heilige Tiere verehrt und gefüttert. Bei den Hahnenkämpfen in Bali bekommen die Hähne scharfe Stahlmesser an die Füße, durch die einer der beiden Kämpfer am Ende getötet wird. Mit den Pferdeprozessionen um oberbayerische Kirchen soll die Verbindung zwischen Mensch, Pferd und Flur gefestigt werden. Die Stierhatz im spanischen Pamplona, die immer wieder ebenso risikofreudige wie leichtsinnige junge Männer das Leben kostet, dient dem Kräftemessen zwischen den fortpflanzungswilligen Männern und deren kraftvollem tierischen Gegenbild in Form des schwarzen, wilden Stieres, der auch Symbol für die Ursonne ist.

Ein Besuch im Völkerkundemuseum führt uns die Bedeutung von Krafttieren in anderen Kulturen deutlich vor Augen. Säle mit Masken, Verkleidungen, Waffen, Booten – alle sind geschmückt mit geheimnisvollen Schnitzereien und Bildern. Egal ob es sich um die Südsee, Südamerika, Afrika oder Finnland handelt, es zieren Vögel, Fische, Krokodile,

Gazellen oder Muschelhörner, Federn, Krallen und Geweihe die Gebrauchsgegenstände, Kultgeräte und Waffen. Tiere sind überall gegenwärtig, und sie prägten die Kulturen von Nord nach Süd, von Ost nach West. So eroberten die aus Europa eingeführten Pferde die Weiten Amerikas. Das Leben der Indianer änderte sich deutlich, nachdem sie ihre Hunde durch Pferde als Hilfstiere ersetzt hatten. Dadurch entstand eine neue kriegerische Kultur der Prärieindianer, und auch die Träume von ihren Krafttieren änderten sich. Hatten die Indianer vor dem Eindringen der europäischen Siedler und Soldaten keine Visionen von Pferden als Krafttieren, so änderte sich das mit dem Auftauchen dieser Tiere. Solche Veränderungen können sich auch bei einer Krafttierreise ergeben. Ein Krafttier wird durch ein anderes abgelöst, und die Krafttierträger erkennen oft noch nicht, welche tiefgreifenden Konsequenzen sich daraus ergeben.

Die Welt verändert sich und mit ihr die Welt der Tiere. Denken wir beispielsweise an die Waljagd. Hier sind die Interessen und der Einfluss der Industriestaaten Japan, Norwegen und Island einfach zu groß, als dass sich der Schutz der Wale durchsetzen könnte. Gleichzeitig gibt es eine große Zahl von Umweltaktivisten, die Boote zwischen japanische Walfangschiffe und Delfine steuern. Ihr Antrieb sind die Liebe zu diesen Tieren und die Ehrfurcht vor dieser Lebensform. Ihre eigene Krafttierreise führt Sie, liebe Leserinnen und Leser, vielleicht gerade zu den Walen und Delfinen, und

Sie werden selbst Teil dieser Auseinandersetzung. Es kann geschehen, dass Sie die Krafttierreise in eine Zeit vor tausend Jahren führt, in ein völlig intaktes Meeresgebiet, oder aber Sie geraten mitten ins Gebrodel der Waltrawler und der Greenpeaceschiffe. Sie tauchen mit den Walen in die Tiefen des Ozeans, oder Sie werden selbst zum Meeressäuger. Sie steigen nach einer langen Phase an die Oberfläche des Meeres und haben dabei die Fähigkeit entdeckt, ganz tief hinunter in das Dunkel der Seele oder in die von geheimem Leben erfüllte Tiefe des Meeres zu tauchen. Vielleicht sind Sie sogar gerade der Wal, der den Propheten Jonas verschluckt, oder selbst ein Jonas, der sich verschlucken lässt und den die Krafttierreise zurückbringt zu seiner wahrsagenden Kraft. Vielleicht reisen Sie als Ratte, und Ihr Krafttier erhöht Ihre Wendigkeit, Schlauheit und Überlebensfähigkeit. Dabei entdecken Sie womöglich mit Schrecken, dass Sie als Wanderratte nach Europa kamen und mit Ihren Flöhen zur Ausbreitung der Pest über den Kontinent beigetragen haben.
Elefanten dürfen wegen ihrer großen Vermehrungsrate im Krüger-Nationalpark in Südafrika wieder geschossen werden. Dieses *culling* genannte Verfahren dient der Ausdünnung der so stark angewachsenen Elefantenpopulation. Bei einer Krafttierreise kann es geschehen, dass Sie mit einem Elefanten unterwegs sind, der Sie zum Elefantenfriedhof bringt und Ihnen trauernd und weinend, während er den

Rüssel immer wieder um herumliegende Knochen und Stoßzähne schlingt, das Ende Ihrer eigenen Elefantenfamilie anzeigt. In einer anderen Krafttierreise hingegen führt er Ihnen vor, wie man lange Durststrecken durch die Wüste mit Ausdauer und Selbstüberwindung überstehen kann, um danach in einem grünen, wasserreichen Land anzukommen. Auf solche Weise vermitteln Ihnen die Krafttiere viel über Ihr eigenes Leben und den Umgang mit Hindernissen und schwierigen Zeiten.

Wenn Sie sich Krafttierreisen hingeben, erfüllen Sie sich einen Menschheitstraum. Aber nicht nur das, Sie erfüllen auch den Tierwesen den Tiertraum vom Menschen und ihrer Nähe zu Ihnen, denn die Tiere wollen auch mit Ihnen Kontakt haben.

Vielleicht träumen Sie, nachts mit den Katzen auf den Dächern zu sitzen und den Mond anzuschauen. Sie können in Ihrer Krafttierreise auf das Dach steigen, obwohl Sie eigentlich nicht schwindelfrei sind. So haben schon viele Krafttierreisende Eigenschaften an sich entdeckt, die sie bislang nicht an sich kannten.

Biologie contra Vermenschlichung

Auf Reisen in »unserer« Welt werden wir manchmal Zeugen von Tierritualen und genauso von Volksbräuchen. Diese können sich für das, was uns bei der Krafttierreise begegnet, durchaus als lehrreich erweisen. Dabei müssen wir diese

Gaben nicht immer sofort bewerten oder miteinander in Verbindung bringen. Genehmigen wir uns, Unverstandenes und Unlogisches gelten zu lassen!
Da wir in einer naturentfremdeten Welt leben, neigen wir dazu, Tiere mehr denn je nach menschlichen Maßstäben zu beurteilen, wenngleich das in der Geschichte nichts Neues ist. Biologie und Verhaltensforschung vermitteln uns ein tiefes Verständnis davon, wie Tiere reagieren, leben, sich fortpflanzen und sozial verhalten. Diese Erkenntnisse sind ein großer Gewinn für das Verständnis dessen, was wir bei der Krafttierreise erleben.
Wir erfahren viel über uns selbst, wenn wir Sexualverhalten, Rangordnung, Aufzucht und Tierbauten betrachten. Gleichzeitig lassen sich Lebensformen und Lebensleistungen studieren, die vom Menschen während seiner Entwicklung in Teilen oder vielleicht sogar ganz verworfen wurden, da sie unseren Bedürfnissen nicht mehr entsprachen. Das, was wir unsere Zivilisation nennen, führte zu dieser Arroganz gegenüber angeblich niedriger entwickelten Lebensformen und wurde damit zu einer wichtigen Ursache für die fortschreitende Vernichtung der Vielfalt dieses Planeten. Die schamanische Arbeit dient uns dazu, wieder Nähe und Verständnis herzustellen und gleichzeitig ins Unsichtbare hineinzuwirken und die Zwischenräume der unsichtbaren Informationen mit unserer Liebe zur Kreatur, zum erschaffenen Wesen, zu den Tieren und Pflanzen zu füllen.

Veränderung des Tierverhaltens

Verhaltensforscher und Menschen, die sich viel in der Natur bewegen, haben beobachtet, dass sich die Tiere der von der Zivilisation geprägten Umgebung anpassen und ihre Mitteilungsformen und ihr Verhalten gegenüber Menschen und sogar ihr Brut- und Aufzuchtverhalten verändern. So brüten Gänsesäger inmitten von Hochhäusern und stürzen sich von dort auf die gepflasterten Straßen, Amseln rücken aus der freien Landschaft in die Stadt nach, Eisbären kommen, anstatt den Robben zu folgen, im Sommer auf die Abfallhalden von menschlichen Ansiedlungen, Vögel erheben ihre Stimmen lauter, um den Lärm der Welt zu übertönen.

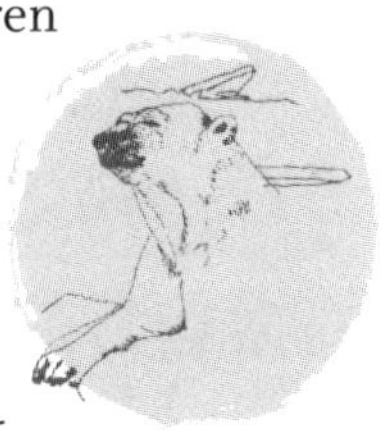

Diese Veränderungen beeinflussen auch die Reaktionen der Krafttiere gegenüber neuen Lebensbedingungen und damit unsere schamanischen Krafttierreisen. Wundern Sie sich also nicht, wenn Ihr Panther in Ihrem Büro auftaucht oder Ihr sonst in den Rocky Mountains lebender Adler über Ihre Reihenhaussiedlung fliegt, so wie ich kürzlich einen bei uns eigentlich nicht ansässigen schwarzen Storch den Wald entlangschweben sah. Es lassen sich zahlreiche derartige Anpassungen in der Welt der Tiere feststellen. Bei der schamanischen Krafttierreise begegnen Sie deshalb mitunter auch verschiedenen Tieren, die in ihrem natürlichen Umfeld nicht vereint waren oder die sich in einer fremden Umgebung sehr zielsicher und gewandt durchsetzen. Ein Klient, der bei einer Krafttierreise in Verbindung mit seinem Panther kam, wurde von diesem ständig bei beruflichen Fahrten begleitet und bei schwierigen Verhandlungen unterstützt und vor zweifelhaften Geschäften gewarnt. Ein Panther hat zwar keine Ahnung von Computergeschäften, aber er kann die feinen Nuancen von Gerüchen, die durch Angst, Aggression oder Sympathie entstehen, wahrnehmen und auf diese reagieren. Die Schlüsse aus diesen Wahrnehmungen des tierischen Begleiters müssen Sie natürlich selber ziehen – und die Konsequenzen selber tragen.

Mensch und Tier zwischen Liebe und Hass

Begegnungen mit Tieren bereichern unser Leben. Das Zusammenleben des Menschen mit Tieren, das in Tausenden von Jahren gewachsen ist, führte zu Gemeinschaft, Bewunderung, Leidenschaft und Liebe, aber auch zu Abhängigkeit, Konkurrenz und Hass. Oftmals trifft sogar beides auf eine Tierart zu. Dies spiegelt sich auch immer wieder in den Krafttierreisen.

Ein Film wie *Der Bär* von Jean-Jacques Annaud feierte große Erfolge. Die Begeisterung für den Familienfilm *Findet Nemo* führte dazu, dass Tausende von extra in den Korallenriffen gefangenen Clownsfischen entzückten Filmzuschauern in kleinen, ungeeigneten Aquarien verkauft wurden, um den Menschen den fortdauernden Traum von einem abenteuerlustigen und sprechenden Fisch zu gewähren, was letztlich viele Clownsfische das Leben kostete. Auch die *Ice-Age*-Filmtrilogie zeigt uns auf humorvolle Weise eine schräge Gruppe von Tieren gegen Ende der Eiszeit. All diese Figuren erfüllen unsere Sehnsucht nach einer Verbindung mit Tieren, mit der Welt und letztlich nach einem tiefen Verständnis des Lebens.

Tiere gehören zur menschlichen Entwicklung, selbst wenn wir seelisch, körperlich und lebenspraktisch weit von ihnen entfernt sind. Sie sind Voraussetzung für unser Überleben gewesen, und nach wie vor sind sie unersetzlich. Sie durchweben das gesamte Leben, auch das von Städtern, die allenfalls Kontakt mit Hunden, Katzen Mäusen, Küchenschaben oder Möwen haben. Oder denken Sie zum Beispiel an Herzklappen vom Schweineherz, die sich der Mensch im wahrsten Sinne des Wortes einverleibt. Von der Rolle, die Tiere in unserer Ernährung spielen, ganz zu schweigen. Trotzdem haben viele Menschen einen direkten Bezug zu den Tieren verloren, auch harmlose Schattenbilder der Hände, die nachts als Fuchs und Adler die Wände von Kinderzimmern belebten, verschwinden mehr und mehr. Nur Teddybären erfreuen sich nach wie vor großer Beliebtheit.

Viele Menschen haben Mitleid mit der geschundenen Kreatur und retten beispielsweise verwahrloste Hunde aus Spanien oder Griechenland. Geschichten von Tieren gehen ans Herz: Ein schwarzer Schwan an Münsters Aasee, der einem weißen Schwanenboot zwei Jahre lang nicht von der Seite wich und damit eine intensive Medienberichterstattung bewirkte, führt uns die Irrungen der Liebe auch unter Tieren vor. Auf Youtube ist ein Video zu sehen, wie ein Nilpferd eine Antilope vor einem Krokodil rettet. So können wir einen anderen Blick auf das soziale Verhalten von Tieren werfen, was übrigens auch das Spektrum von Reaktionen bei der Krafttierreise erweitert. Ein Kater namens Oscar beeindruckte Personal und Patienten eines Pflegeheims mit seinem Gespür für das Herannahen des Todes: Jedes Mal, wenn es wieder so weit war, legte er sich zu dem sterbenden Menschen. Auch über ihn wurde in den Medien viel berichtet, und inzwischen gibt es sogar ein Buch (David Dosa: *Oscar. Was uns ein Kater über das Leben und das Sterben lehrt*, Droemer Verlag, 2010). Oscar erfüllt unsere Sehnsucht nach den geheimnisvollen Fähigkeiten der Tiere, die wir in Krafttierreisen suchen und denen wir begegnen werden.

Doch genauso gibt es die Tendenz, Tiere als böse oder sogar teuflisch anzusehen. In den letzten Jahren machten einige Unfälle und Todesfälle von Dompteuren und Tierpflegern Schlagzeilen und gaben dieser Negativbeurteilung noch Nahrung: Als »Killerwal« bezeichneten die Medien einen

Orca-Bullen namens Tilikum, der die Waltrainerin Dawn Brancheau in den Tod riss. Tiger, die sich auf Dompteure wie Roy Horn – der mit seinem Partner Siegfried Fischbacher in Las Vegas eine Dauershow mit weißen Königstigern und weißen Löwen veranstaltete – oder Dieter Dittmann oder Christian Walliser stürzten, wurden glücklicherweise nicht erschossen, da man ihr Verhalten als artgemäß einstufen konnte, entgegen allen reißerischen Zeitungsüberschriften. Bei Unfällen mit Elefanten, Grizzlybären und anderen Tieren attestiert man dem Tier schnell menschliche Züge, und es heißt dann, es sei hinterhältig, bösartig oder rachsüchtig. Es sollen sogar Fans des australischen Filmemachers Steve Irwin, der bei Filmaufnahmen am Barrier Reef vom Stachel eines Stachelrochens tödlich ins Herz getroffen wurde, versucht haben, ihn zu rächen, denn man fand wenige Tage nach Irwins Tod verstümmelte Stachelrochen an der Küste. In diesen und anderen Fällen stellt sich die Frage, inwieweit sich die betreffenden Menschen ein Fehlverhalten zuschulden kommen ließen. Und nicht nur das: War die Risikobereitschaft zu groß? Wurden Grenzen überschritten? Unsere Kenntnisse über Tiere wachsen, und viele Spezialisten versuchen, sie noch besser und näher kennenzulernen. Das lockt viele in einen Bereich der Grenzüberschreitung, der weder Tier noch Mensch bekommt. Aber natürlich können es auch einfach der Nervenkitzel und nicht zuletzt finanzielle Anreize sein.

Uns, die wir auf dem Weg zur Krafttierreise sind, mag das vielleicht nicht interessieren, aber gerade diese Aspekte dürfen im Umgang mit den Krafttieren nicht vergessen werden, wenn wir intensiv mit ihnen arbeiten und daraus bereichert hervorgehen wollen. Bei den schamanischen Krafttierreisen geht es nicht zuletzt darum, mit Respekt und mit dem erforderlichen Abstand in Kontakt mit den Krafttieren zu kommen, deren Bedürfnisse ernst zu nehmen und behutsam damit umzugehen, kurz: um das Prinzip Verantwortung gegenüber der Schöpfung.

Wozu Krafttierreisen?

Sie können Krafttierreisen für Ihre spirituelle Lebensentfaltung nutzen. Es handelt sich dabei um rituelle Verfahren, die uns helfen, uns mit unseren Gefühlen an die Tierwelt anzuschließen. Dabei machen wir uns die Kraft der Tiere und ihre Sinne zunutze und erforschen ihre Eigenheiten und Fähigkeiten, nicht zuletzt ihre soziale Kompetenz, um die Variationsbreite unserer Handlungen und Reaktionsmöglichkeiten zu erweitern und die von vielen Menschen in unserer Gesellschaft stark ausgeprägten Fähigkeiten wie logisches Denken, wissenschaftliches Analysieren und philosophisches Debattieren um eine ganz wesentliche Dimension zu ergänzen.

Krafttierreisen bewirken eine Verstärkung von instinktmäßigem Handeln, sinnlicher Wahrnehmung, Bewegungsfreude und Lebendigkeit, überhaupt eines naturbezogenen Verhaltens. In der schamanischen Krafttierreise übernehmen wir Eigenschaften der Tiere, schlüpfen in deren Rollen und steigern uns bis hin zur Identifikation mit dem Tier. Begibt man sich auf die Spur eines Tieres – seines Wesens, seiner Biologie, seiner Überlebensstrategien –, stärkt sich aus der Tiefe der Evolution und der gemeinsamen Geschichte eine bewusste Anteilnahme und Erinnerung an unsere Herkunft. Aber wir geben damit auch Impulse für die Zukunft, eine Zukunft, in der die Menschen respektvoll mit Flora und Fauna umgehen. Seien diese Impulse auch noch so klein, so sollten sie doch nicht unterschätzt werden. Unsere Anteilnahme stärkt das gesamte System von Erde und Mensch. Damit steigt das Engagement für die Natur im Allgemeinen, für unsere eigene Natur und unsere natürliche und schützenswerte Umwelt. Es hilft uns, in einem räumlich immer enger werdenden Zusammenleben zwischen Wildtieren und Menschen zu vermitteln und für beide Seiten Verständnis und Mitgefühl zu erzeugen. Denn letztlich hängt unser Überleben und noch mehr das Überleben von kleinen Volksgruppen und deren Kulturen vom Überleben der Flora und der Fauna ab. Wir sichern also durch das Überleben der Tiere, egal ob sie für uns nützlich sind oder uns einfach nur schön und bewundernswert erscheinen, unser eigenes Überleben. Dies ist uns auch in der spirituellen Praxis der Krafttierreisen ein großes Anliegen.

Was sind schamanische Krafttierreisen?

Wir unterscheiden in diesem Buch zwischen Krafttierreisen und schamanischen Krafttierreisen und erforschen die Möglichkeiten beider Wege. Zunächst einmal geht es los mit Imaginationen und »einfachen« Krafttierreisen mit den Tieren, die in Ihren Kindheitserinnerungen die wichtigste Rolle gespielt haben. Im fortgeschrittenen Stadium werden Sie dann schamanische Krafttierreisen machen, wobei Sie etwas erleben und erfahren werden, was über Ihre Fantasie hinausgeht. Die Tiere, die Umgebung, die Informationen, die Erlebnisse werden nicht mehr durch Sie alleine gesteuert noch von Ihnen alleine erzeugt. Diese schamanische Welt in der Krafttierreise findet auch ohne Ihre Beteiligung statt.

Eine Krafttierreise ist nicht einfach schamanisch, weil es eine Krafttierreise ist. Bei der schamanischen Reise geht es um Identifikation und deren Auflösung. Nur wer die eigene Identifikation auflöst, wird bei der schamanischen Krafttierreise erfolgreich sein. Diese Auflösung führt fast bis zum vollständigen Rückzug aus dem eigenen Körper und geht hin bis zum Hineinschlüpfen in das Tier und zur Annahme der Tieridentität. Das erfordert meist eine tiefe Trance, halluzinogene Stoffe – auf diese verzichte ich in meiner Arbeit und folglich in den Anleitungen der Krafttierreisen – oder eine äußerst strenge Disziplin. Dies ist ein fortgeschrittenes Stadium, zu dem es mehr bedarf als eine sonntagnachmittägliche Auszeit.

Dafür ist aber die Erfahrung tief und berührt die Sinne. Sie sehen durch die Augen des Tieres, riechen durch seine Nase, fühlen mit seinen Gliedern, verbinden sich mit seinen Artgenossen und fliehen seine Feinde. Oder Sie suchen die Nähe des Menschen, Sie bauen eine Höhle zum Gebären, oder Sie finden ein Versteck zum Sterben. Sie zeigen sich mal verzückt, mal offen, darbietend und darstellend bei der Balz, bei der Werbung, beim Geschlechtsakt. Als Vogel fliegen Sie blind und verlassen sich auf den Magnetismus der Erde, um sich in Zeit und Raum zu orientieren. Als Maulwurf graben Sie ohne Plan Röhren und Tunnels, als Schwanzmeise weben Sie mit unglaublicher Intelligenz aus Tausenden von Haaren, Federn und Moosstücken ein Nest, als Spinne ziehen Sie ein klebriges Netz, als Specht zimmern Sie ein Appartement aus Holz, und als Pinguin balancieren Sie mit Geschicklichkeit ein Ei auf beiden Füßen über das Glatteis. Oder Sie erleben all das als Begleiter Ihres Tieres. Wenn Sie sich dabei zusehen oder sich hören können, den

Anschluss zum Menschsein erhalten und diese Kräfte mit in den Alltag nehmen, dann waren Sie »schamanisch unterwegs«. Sie können sich aber auch einfach einer Vorstellung und Imagination hingeben und spüren, welch gute Wirkung diese Bilder auf Sie haben, und tun sich damit schon etwas sehr Gutes.

Der Geist des Schamanens – im folgenden Kapitel gehe ich näher auf den Begriff »Schamanen« ein – wird in Verbindung mit den Krafttierreisen besonders aktiv und wirksam, wenn Sie das schamanische Reisen mit Ritualen verbinden und diese zum Ausgleich zwischen Tier und Mensch unternehmen: als Einstimmung, Anrufung und Dank.

Bei der schamanischen Krafttierreise kommt es vor, dass Sie bei erneutem Kontakt mit dem Krafttier Vorschriften über die Nahrung und das Verhalten in den Tagen vor oder nach einer Krafttierreise erhalten. Diese Weisungen für Ihre Reise sollten Sie ernst nehmen und sich daran halten. Verweigern Sie sich, so merken Sie möglicherweise, dass in Ihrem Leben irgendetwas nicht funktioniert. Denn gerade hier erweist es sich, dass das Unsichtbare, die geistige Kraft der Anderwelt, in das alltägliche Leben hereinreicht und das Tier der Anderwelt auf unserer Seite des Lebens auftauchen kann.

Das Verhältnis zu unserem Tier ändert sich mit der Zeit. Wenn ich daran denke, wie ich als Kind bei einer Schlangenfarm gelernt habe, die Schlangen hinter dem Kopf zu fassen – zuerst mit einem gekrümmten Haken und dann mit der Hand –, kommt das diesem Prozess im Kleinen gleich. Letztlich geht es darum, die Angst vor dem Tod zu überwinden. Im Beisein des Schlangenbesitzers Peppi Möschl fing ich seinerzeit zuerst mit den ungiftigen Schlangen an, um dann später auch den giftigen Schlangen das Gift abzumelken. So stehen da die anfängliche Angst und die nötige Vorsicht dem Mut und der Überwindung gegenüber, die ich mir immer wieder neu erobern musste. Auch bei der schamanischen Krafttierreise kann uns solches begegnen, und die Angst löst ebensolche Gefühle und Gedanken aus, weist uns aber auch darauf hin, wo wir Neues und Lustvolles erfahren können.

Und noch ein Letztes: Unser heiliges Tier – dasjenige, das uns im alltäglichen Leben unsichtbar oder sichtbar werdend begleitet – achtet auf uns, wie ein Hund auf ihm anvertraute Kinder aufpasst, wie das Pferd auf seinen Reiter eingeht, der Elefant seinen Mahut, seinen Führer, schützt oder das Kamel seinen Hüter beäugt.

Was ist Schamanismus, was »das Schamanen«?

Zunächst möchte ich denen, die vom sogenannten Schamanismus noch wenig wissen, aber sich von Krafttierreisen angezogen fühlen, eine kurze Einführung in das geben, was heute meist Schamanismus genannt wird. Da ein »Ismus« eine Geisteshaltung darstellt, die eine Ideologie ausdrückt, spreche ich lieber vom Schamanen, also einem Tun. Das Schamanen kommt ohne Dogma aus und entwickelt keine Hierarchie.

In der Wissenschaft versuchte man seit dem 19. Jahrhundert alle Erscheinungen des Lebens und der Welt zu kategorisieren, so auch das Schamanen. Der Religionswissenschaftler Mircea Eliade trug durch sein verdienstvolles und bahnbrechendes Werk *Schamanismus und archaische Ekstasetechnik* (1951) wesentlich dazu bei, diesen Erscheinungen – die schon zu Eliades Lebenszeit marginalisiert und teilweise verfolgt wurden – die für das Überleben des »Schamanismus« erforderliche Aufmerksamkeit zu schenken. Ohne je selbst in Kontakt mit Schamanen gewesen zu sein verfasste Eliade ein wissenschaftliches Standardwerk über die außerkörperlichen Erfahrungen und die komplexen Bräuche vor allem der zentral- und nordasiatischen Schamanen. Viele Ethnologen holten Informationen ein und deuteten sie, ohne das, was sie beschrieben, selbst zu erfahren. Wertvolle Sammlungen von schamanischen Objekten, Kleidern, Trommeln, Liedgut und Musik wurden zusammengetragen.

Zahlreiche schamanische Kulturgüter und Rituale wurden durch Missionsexpeditionen der Kirchen und christlicher Sekten sowie die kommunistische »Kulturrevolution« vernichtet. Heute gibt es allerdings in Russland, in verschiedenen ehemaligen Satellitenstaaten der Sowjetunion und in der Mongolei teilweise eine schamanische Renaissance.

Als sich die Psychologie als Wissenschaft etablierte, rückte sie die außergewöhnlichen Bewusstseinszustände der Schamanen in die Nähe von Geisteskrankheit und Irrsinn und prägte damit über Jahrzehnte die westliche Sichtweise.

Unter dem Begriff Schamanismus werden heute ungeachtet kultureller Unterschiede und Eigenheiten Phänomene mit einigen grundlegenden Gemeinsamkeiten zusammengefasst: von den Curanderos Südamerikas über die Sangomas Südafrikas und viele Medizinmänner und -frauen der Welt bis zu den Neo-Schamanen und dem Core-Schamanismus nach Michael Harner *(Der Weg des Schamanen)*. Tatsächlich lassen sich trotz kultureller Unterschiede bestimmte allen gemeinsame Merkmale herausarbeiten: Das Schamanen ist eine spirituelle Technik, die von Göttern, Geistern und Naturwesen auf den Menschen übertragenes Wissen über Me-

dizin, Heilung, Balancierung der Welt, Wahrsagung, Hellsichtigkeit, Beeinflussung von Wettererscheinungen und Naturereignissen vermittelt und nutzt. Auch das Wissen über Tabu, Schuld, Verletzung, Ausgleich, Recht, Vergebung und Tod gehört zu den Kernbereichen des Schamanens. Seit Urzeiten sind Schutz, Hilfe und Unterstützung, Heilung und Zukunftsvisionen Teil der schamanischen Praxis.
In den letzten Jahrtausenden wurde das schamanische Wissen im Dialog mit den Geistern fortlaufend erweitert und durch empirische Wahrnehmung und übendes Erfahren ständig angepasst, erneuert und ergänzt. Es ist eine spirituelle Weltbegegnung, die für den Umgang mit der Erde sowie mit den materiellen und geistigen Aspekten des irdischen Lebens Rahmenbedingungen der Werte und Ordnungen geschaffen hat, und zwar für Familie, Stamm, Nation und Gesellschaft. Das Schamanen dient dem Erhalt der Balance in der Natur, zwischen den Menschen und der Natur, zwischen Mann und Frau, zwischen Menschen unterschiedlichen Lebensalters und nicht zuletzt zwischen Völkern. Dabei sind Verstorbene, Geister, Spirits und andere Emanationen, die auf der Erde und außerhalb dieser Welt sind, das vermittelnde Element. Die Schamanen stellen sich deren Mitteilungen als Dolmetscher, Übersetzer oder Mittler zur Verfügung und sorgen für die Anwendung und Umsetzung dieser Eingaben. Sie dienen der Natur. Die Begegnung mit Tieren und auch mit Pflanzen, überhaupt die Nähe zu Na-

turräumen, war und ist eines der wichtigen Elemente, um die Ordnung und die Wertschätzung der Schöpfung lebendig zu erhalten. So kann eine tiefe Verbindung mit den Tieren entstehen, und daraus resultiert die Möglichkeit, Totemtiere, Krafttiere, Begleiter, Wegweiser und Lehrer in den Tieren zu finden, sie zu pflegen, zu verehren und zu schützen. Diese Gaben werden an Kinder und Kindeskinder vererbt und weitergegeben.

Körpergedächtnis – Gehirn – Evolution

Ihr Körper erinnert sich. Sie haben sich aus einer Zelle entwickelt und in dem Prozess der Entwicklung viele embryonale bzw. fötale Stadien durchlebt. Die Entwicklungsvorgänge von den im Wasser lebenden Tieren bis zu den Landsäugern sind in uns eingespeichert, und mit jeder neuen Zeugung wird der Mensch durch diese Erinnerung geschleust. Sie waren vielleicht schon ein Leguan, ein Fisch, ein Hase, ein Gorilla oder ein Löwe. All diese Formen des Lebens, die Sie schon in Ihrer Entwicklung seit der Befruchtung durch die Samenzelle und Teilung der Urzelle mitgemacht haben, sind in Ihnen weiterhin gespeichert und abrufbar. In Ihren Zellen ist das Wissen der ganzen Evolution verankert. Allein von unseren 30000 Genen (manche gehen von weniger aus, andere von wesentlich mehr) sind nur wenige erforderlich, um uns von einer Eintagsfliege zu differenzieren. Auf der Spirale der Chromosomen befinden sich verwandte Wesen, Geister, Lebensformen und dazu körperliche Eigenschaften, Verhaltensweisen, biologische Abläufe, geistige Prinzipien und weltwissendes Empfinden. Tauchen diese auf der Entwicklungsspirale von der Zeugung bis jetzt als Momente des Glücks oder der Abneigung auf, so erinnert sich schon das kleine Kind, wenn es zur Welt gekommen ist, an die Stationen seines evolutionären Status, die es im Mutterleib in jeweiligen Stimmungen auf seinem Weg erlebt hat. So entstehen schon früh bestimmte Vorzüge und Abneigungen. Damit lässt sich erklären, weshalb manche Menschen ohne entsprechende Erfahrung in ihrem gegenwärtigen Leben eine ganz starke Zuneigung und Liebe zu oder Angst vor bestimmten Tieren haben.

Zu den Grundeigenschaften unseres Menschseins gehört auch die Fähigkeit, dass wir mit unserem Geist aus unserem Körper heraustreten und fast jeden beliebigen vorgestellten oder bereits einmal wahrgenommenen Raum aufsuchen können. Unsere Fantasie und unser Realitätssinn sind in der Lage, die Gegenwart auszuschließen, das Jetzt, das Gefühl des Augenblicks loszulassen und sich in andere Vorstellungen hineinzubewegen. Wir können uns in der Zeit bewegen und uns in einem anderen Raum einfinden, in

einer Schau über den Rand und die Begrenzung des eigenen Lebens hinaus auf die Dinge sehen. Wir sind dann an dem jeweiligen anderen Ort, der zeitlos ist, präsent.
Was in den verschiedenen geistigen Disziplinen eher als Hindernis auf dem Weg zur Erleuchtung erlebt wird, ist gerade beim Schamanen eine der bedeutenden Fähigkeiten, die wir nutzen. Sie kennen das, nämlich wenn Sie im Geiste für einen Moment Ihre Umgebung, das Gespräch oder Ihre Beschäftigung verlassen: Sie entfernen sich von der Gegenwart, vom Augenblick, vom Hier und Jetzt und träumen sich aus dem Büro zu Ihrem Hobby oder verschwinden vom Schreibtisch an den Urlaubsstrand. Diese Fähigkeit kann geschult werden, um eine schamanische Reise zu einem Krafttier zu machen, um diese Welt zu verlassen und in die Anderwelt hinüberzugehen – wobei man dabei weiß, was man tut. So haben wir die Möglichkeit, den Geist in Mensch, Tier und Pflanze spazieren gehen zu lassen und an etwas, das außerhalb von uns ist, Anteil zu nehmen.
Empathie ist eine ähnliche, fast jedem zugängliche Gefühlswahrnehmung. Bei ihr ist man zumindest teilweise bereit, eigene Grenzen aufzugeben. Sie nehmen Gefühle von Schmerz, Vorstellungen und Erinnerungen durch das Hinübergreifen oder das Herübergreifen wahr, fast oder ganz wie das Eigene. Sie verlassen dabei die analytische und logische Wahrnehmung, die wenig geeignet ist, dieses außerzeitliche Erleben zu verarbeiten.

Wir nutzen den Wechsel der Wahrnehmung später bei der Delfinatmung (Seite 105 ff.), die uns bei der schamanischen Krafttierreise zu tiefen Einsichten verhilft. Bei der schamanischen Krafttierreise tritt etwas auf, was wir Ego-Verlust nennen und was uns sehr gefährlich, mindestens aber bedrohlich erscheint. Dabei ist der Verlust des Ego gar nicht so schlimm. Bei der spirituellen Suche nach Erleuchtung ist er sogar ein erstrebenswertes Ziel. Dennoch ängstigt er uns, und es verlangt Neugierde und Bereitschaft zum Risiko, wenn wir unser Ego für die Zeit der schamanischen Reise fast gänzlich aufgeben. Wir lassen dabei aber nicht nur den größten Teil unseres Ego, sondern fast unseren ganzen Körper zurück. Die Reise fühlt sich leicht und entkörpert, befreit und energetisch an. Dennoch sind die Erlebnisse manchmal so ergreifend. Gerade bei der schamanischen Krafttierreise ist eine sorgsame Nachbereitung und Begleitung sehr sinnvoll. Deshalb empfehle ich Ihnen, im Anschluss an die Reisen ein Reisetagebuch zu führen und das Erlebte schriftlich festzuhalten.

Der Aufbau unseres Gehirns

Unser Gehirn mit Hirnstamm, Mittelhirn, Kleinhirn und Großhirn spiegelt die Entwicklung vom frühen Echsenstadium bis zum Menschen wider. Damit sind bestimmte Bereiche emotionalen, sinnlichen und körperlichen Ausdrucks des Lebens verbunden. So gibt es von uns evolutionäre Erinnerungen an alle Stadien tierischen Lebens, wobei wir uns gerade den zoologisch höher eingestuften Tieren am nächsten fühlen. Sie sind auch am meisten mit unserem Großhirn verbunden, das heißt, wir haben selbst noch viele Anteile unserer Wahrnehmung mit ihnen gemeinsam. Die Nähe von warmblütigen, säugenden und Nachkommen pflegenden Verwandten ist uns am vertrautesten und auch am sympathischsten. Pelz, warme Haut, atmendes Auf und Ab des Körpers, nachahmbare Laute wie Wiehern, Bellen, Miauen und Heulen, die wir nachvollziehen und mit unserer Stimme nachahmen können, erhalten leichter unsere Sympathien.

Der Hirnstamm, der für die grundlegenden Bewegungen, das Atmen und die Instinkte zuständig ist, ist verbunden mit den Zeiten der Saurier und liefert uns heute noch sehr klare und deutliche Informationen über Angriff, Rückzug oder Flucht und erzeugt in uns immer noch solch einfache Verhaltensformen. Wir müssen uns nur als Autofahrer beobachten.

Evolution

Die Evolution unserer Erscheinung spiegelt sich auch darin wider, dass wir am liebsten mit höheren Lebewesen in Kontakt treten, während Spinnen, Insekten und Würmer von uns weniger geschätzt werden und in vielen schamanischen Reisebeschreibungen als zu meidende Tiere gelten.

Wenn wir daran denken, dass die Vögel aus einem späteren Abstammungsast der evolutionären Entwicklung als die Menschen stammen, kann man sich vorstellen, weshalb der Mensch sich von diesen Tieren so angezogen fühlt. Sie sind so gut angepasst, dass sie vom Nordpol bis zur Antarktis Lebensmöglichkeiten entdeckt und erobert haben. Die Vögel haben sich im Wasser, in und auf der Erde und in der Luft durchgesetzt. Sie erreichen beim Fliegen große Höhen von teilweise mehreren tausend Metern und tauchen bis in Tiefen des Meeres, die für Menschen ohne technische Hilfe unerreichbar sind. Sie haben hoch entwickelte Mitteilungsmöglichkeiten. Mit ihrem Gesang und ihren Bauten übertreffen und inspirieren sie die Musik und die Architektur des Menschen.

Betrachten wir unsere biologischen Funktionen, unsere Hirnentwicklung, unsere Embryonal- und Fötalentwicklung, dann erkennen wir eine Abstammungsreihe, die uns durch den gesamten evolutionären Stammbaum führt. Die Anlage der Augen aus der Quallenzeit, die Haare aus der Reptilerinnerung, das Rückgrat aus der Fischerinnerung. Dabei sind die Zweige des Stammbaumes, die an uns vorbeiführen und die bisher nicht in den Kanon der Abstammungslinien mit hineinpassen, trotzdem in allem präsent. Hier treffen sich in der Empirie der schamanischen Krafttierreise die Herausforderungen zwischen Evolution und Kreationismus, und man kann die Schöpfung als den spirituellen Teil und die Evolution als deren materielle Verwirklichung erkennen und erleben, sinnvoll unterscheiden und anwenden. Der evolutionäre Anteil, den wir bisher an uns entdecken können, wirkt als sichtbare Ausformung, die im Unsichtbaren und aus dem Unsichtbaren beeinflusst wird. Wenn die unsichtbaren Einflüsse allerdings wirken, dann sind wir schon mitten im schamanischen Arbeiten, bei dem es immer um diese Grenzüberschreitung ins Unsichtbare geht.

Die Subinformationen der Schöpfung, die schon in allen Eiweißen, Genen, Chromosomen eingeschrieben und im Plasma verankert sind, sind uns potenziell zugänglich, werden aber nicht ständig genutzt, schon gar nicht in unserem Tagesbewusstsein, obwohl unser Weltbewusstsein ständig in vollem Umfang Zugang dazu hat. Meist leben und funktionieren wir den meisten Teil des Tages ohne die Beteiligung der bewussten Gedanken. Wir funktionieren aus unserer Biologie heraus. Ein großer Anteil der Informationen, der uns an die lebenden Organismen der Welt anschließt, liegt in den Abständen dieser biologischen Schrift, in den Zwischenräumen auf den Chromosomentreppen, und die Wissenschaften entdecken gerade diese Zwischenräume als Träger noch größerer Informationen, als die Chromosomen und Gene selbst in sich tragen. Diese Zwischenräume signalisieren auf diesem Wege die Wirklichkeit des

Unsichtbaren. Sie enthalten das, was aus der Vergangenheit stammt, und das, was in der Zukunft werden mag, während die sichtbare Welt der Gegenwart von den sichtbaren Teilen des biologischen Lebens ausgestrahlt wird.
Der Anteil, den wir in der Krafttierreise beleben, stammt aus diesen unsichtbaren Zwischenräumen, wird im Sichtbaren für eine kurze Erdenzeit in uns verwirklicht und wirkt schließlich wieder ins Unsichtbare und in die Zwischenräume hinein. Die Verwirklichung der schamanischen Krafttierreise führt für einen kurzen Moment in eine andere Zeitebene. Dieser kurze Moment in der Anderwelt zerfällt und verwandelt sich in Materie oder Informationen. Diese werden erneut an unkalkulierbarer Stelle auftauchen und beeinflussen unser Leben.
Wir schaffen bei der schamanischen Krafttierreise immer wieder Bedingungen, bei denen aus den zerfallenden Momenten der Materie unserer Realitätsebene die anderen Wirklichkeiten aufsteigen. Für kurze Zeit existieren wir dort mit unserem Bewusstsein und erleben es, um wieder zu verlöschen und mit den Erinnerungen hier anzukommen. Krafttierreisen dauern meist nur zwischen wenigen Minuten und einer Stunde und berichten doch von längeren Zeiträumen, manchmal von Stunden und dann wieder von Jahren. Dementsprechend vermitteln diese Reisen besonders intensive Botschaften.

Wir suchen die Tiere, und die Tiere finden uns

Bei verschiedenen Ritualen, die ich bei Oglala-Indianern miterleben durfte, tauchten immer wieder unvermittelt Adler über dem jeweiligen Ritualplatz auf. Das wäre an sich nichts Ungewöhnliches; werden aber gleichzeitig mehrere Rituale abgehalten, kann es schon mal vorkommen, dass ein Ritual ohne Adlerbesuch bleibt. Manchmal sind eben einfach nicht genügend Adler da. Dann stellt sich dem Ritualleiter natürlich die Frage, wie wichtig sein Ritual ist. Für uns, die wir auf dem Weg sind, stellt sich auch immer wieder die Frage: Wie weit können wir eine Lebensübereinstimmung mit unserem Krafttier entdecken? Wie können wir unsere Veränderungswünsche durch unser Krafttier sichtbar machen, oder müssen wir unsere Wünsche anpassen?

Es gibt Krafttierreisen, bei denen wir bestimmte Tiere aufsuchen können, und solche, bei denen wir von bestimmten Tieren aufgesucht werden. Dies bezieht sich ebenso auf die Art der Tiere wie auf den Abstand zu ihnen und die Art und Weise der Krafttierbegegnung. So las ich einmal ein Buch über den großen indianischen Schamanen Frank Fools Crow (Thomas Mails: *Fools Crow*, Arun Verlag, 2010). Ich saß dabei in meiner Praxis mit dem Rücken zur großen, bis zum Boden reichenden Fenstertüre, die in den baumbestandenen Garten führt, als ich es klopfen hörte. Ich drehte mich um und sah einen Raben mit dem Schnabel an meine Fensterscheibe picken. Daraufhin stand ich auf, öffnete das Fenster und begrüßte ihn, wie es sich gehört. Der Vogel erhob sich, flog auf einen nahe stehenden Baum und krähte mich von einem höher gelegenen Ast aus an. Mit solchen Ereignissen, in denen es bemerkenswerte Übereinstimmungen beispielsweise von Namen, Orten und Zeiten gibt – in dem beschriebenen Fall war es der Name Crow (= Krähe), noch mehr aber der Geist von Fools Crow, der sich mittels des Raben mitteilen konnte –, belohnen uns die Tiere, wenn wir uns mit ihnen beschäftigen und uns auf sie einlassen. Auch Sie werden das erleben. Wenn Sie davon erzählen, werden Sie anfänglich wahrscheinlich ebenso skeptisch beäugt werden wie ich, als ich meiner Familie beim Mittagessen von der Begegnung berichtete. Die anderen lachten amüsiert und etwas ungläubig. Ich sagte: »Ihr werdet schon sehen.« Anderntags erzählten meine beiden Söhne beim Frühstück, dass jeder von ihnen am Morgen vor der normalen Weckzeit von einem ans Fenster klopfenden Raben geweckt worden sei.

Wenn Sie neugierig sind und dem kreativen Geist der Welt folgen, werden Sie wundervolle Überraschungen erleben. Ihnen werden freudige Ereignisse in Ihrem Leben widerfahren, und ebenso werden Sie auch traurig sein. Es kann sein,

dass sich eines Ihrer erworbenen Krafttiere zurückzieht und nicht mehr zu Ihnen kommt, weil es ein eigenes Leben führt und sich selbst ebenso verpflichtet ist, wie es Ihnen treu war. Trennung gehört eben zu dem gesamten Prozess. Auch Krafttiere müssen leben. Sie kommen also nicht umhin, Ihrem Krafttier den Vorzug zu geben und dabei andere Tiere seinem Hunger und Fraßverhalten zu opfern. Wünschen Sie sich also bitte keinen vegetarischen Löwen, wie Sie sie vielleicht aus den biblischen Paradiesschilderungen kennen. Löwen sind weder niedlich noch Vegetarier. Also müssen Sie vielleicht mit ihm auf die Jagd gehen, oder wenn Sie selbst in der schamanischen Reise Löwe werden, einen Nackenbiss bei einer süßen kleinen Gazelle anbringen. Oft folgen wir unseren Tieren auf einer Reise durch eine belebte Natur. Die Pflanzen und Tiere, die sich in der Prärie, im Urwald oder in den hohen Gebirgen zusammen mit unserem Krafttier befinden und mit ihm eine Lebenseinheit darstellen, tauchen immer wieder auf und geben uns einen Eindruck vom Leben des Krafttieres.
Oft stellt sich die Frage, ob auch die anderen Tiere dann unsere Krafttiere sind. Das muss man weitgehend verneinen. Dennoch kann es sein, dass es in Begleitung und Umgebung Ihres Krafttieres noch andere gibt, die für Sie von persönlicher Wichtigkeit sind. Nehmen wir einmal an, Sie streifen als Begleiter des Puma mitten durch die kargen Felsformationen Arizonas. Ihre Füße tun Ihnen weh, oder

Sie sind schon außer Atem und durstig. Nun müssen Sie sich ruhig verhalten. Eine Klapperschlange sitzt auf dem Felsen, den Sie gerade überwinden wollen. Da kann es sein, dass der Puma selbst ganz ruhig bleibt oder faucht und einen Umweg macht. Vielleicht setzt er sich hin. Nun müssen Sie auf diesem Weg entscheiden, ob Sie die Klapperschlange als neues Krafttier kennenlernen wollen oder nur darauf warten, dieser Situation zu entkommen. Ich würde auf alle Fälle einen gewissen Abstand halten. Dann aber sollten Sie die Schlange fragen, ob sie eine Botschaft für Sie hat oder welche Funktion sie einnimmt. Es kann nämlich sein, dass der Puma den Auftrag hatte, Sie zu der Klapperschlange zu führen, damit Sie von ihr etwas erhalten, was Ihnen nützlich sein könnte oder die Poesie Ihres Lebens bereichert.

Schamanische Reisen und die gesamte schamanische Arbeit bestehen neben der Freude und Lust an der eigenen Entfaltung auch aus Grausamkeit, Schmerz und Tod; sie sind verbunden mit unseren tiefsten Sehnsüchten nach natürlicher Kreativität. Die schamanische Arbeit besteht gerade darin, für das tägliche Leben und das tätige Sein Antrieb und Verwirklichung zu schaffen. In diesem Spektrum zwischen Glück und Schmerz erhalten Sie, je nachdem, wie häufig Sie der Begegnung mit Ihren Krafttieren nachgehen, eine große Anzahl von wertvollen Anregungen, Hinweisen, Aufforderungen und Warnungen sowie Kraft und Energie.

Sie werden mit Nahrungshinweisen, Bewegungsverhalten und Formen von Sozialbeziehungen konfrontiert und können dann dieser Wahl folgen oder nicht.

Die Stärke der Maus

Die Maus ist für die meisten kein erstrebenswertes Krafttier. So hatte ich in einer Einzelsitzung eine Klientin, die unbedingt ihr Krafttier erhalten wollte. Als sie mit mir auf die Reise ging, stieß sie mit einer Mischung aus Freude und Entsetzen auf eine Anzahl Mäuse. Für sie waren Mäuse Tiere, die alles fressen, sich schnell und im Geheimen fortbewegen und dabei auch noch einen unerfreulichen Gestank nach Mäusedreck hinterlassen, und deshalb konnte sie keinen großen Gefallen an ihrem Krafttier finden. Ihre Abwehr war jedoch nicht so groß, dass sie nicht auch etwas Freude empfunden hätte, überhaupt etwas zu sehen. Doch eigentlich hatte sie sich ein kräftiges Tier gewünscht: einen starken Tiger, einen mutigen Löwen oder einen kräftigen Bären. Stattdessen musste sie mit diesen zwar flinken, aber unbedeutenden Tieren vorliebnehmen. Als wir von der Reise zurück waren, berichtete sie davon, dass das alte Haus, das sie bewohnte, voller Mäuse sei und sie sich nicht vorstellen könne, dass sie schon die ganze Zeit mit ihren Krafttieren zusammenwohnte.
So ist es immer wieder erforderlich, die Tiere, die in den Krafttierreisen auftreten, in einen sinnvollen und emotio-

nal befriedigenden Zusammenhang einzuordnen. Ihr half eine indianische Erzählung zu verstehen, dass sie ihre eigene zarte Statur und ihre feine Befindlichkeit eher mit den Fähigkeiten einer Maus ausdrücken konnte als mit einem konstitutionsmäßig nicht so zu ihr passenden Löwen. Das schließt jedoch nicht aus, dass sie nicht auch noch auf einer anderen Reise ein kräftiges Raubtier erleben kann.

Die indianische Erzählung sieht in Kurzform folgendermaßen aus: Ein kleiner Indianerjunge wird in den Wald geschickt. Er hat nur wenig zu essen dabei und muss seinen Weg finden. Auf diesem Weg trifft er verschiedene Tiere, denen er hilft, die er versorgt, befreit und verarztet. Dabei sind eben auch Mäuse, mit denen er seinen kargen Pemmikanvorrat teilt – eine Mischung aus gedörrtem Fleisch, Fett und getrockneten Beeren. Alle Tiere, denen er geholfen hat, versprechen ihm im Gegenzug bei Bedarf ihre Hilfe. Er besteht verschiedene Abenteuer, nicht zuletzt mit Hilfe der Tiere. Schließlich wird er von Feinden vor der feurigen Sonne festgebunden, und er soll unter ihr verschmoren. Da weiß er keine andere Hilfe und ruft die Mäuse, obwohl er sich nicht viel davon verspricht. Die Maus, mit der er sein Essen geteilt hat, kommt mit Tausenden anderer Mäuse, und diese beißen kleine Stücke aus dem Sonnenfeuer und aus den Fesseln. Er wird befreit und gerettet. Auch eine Maus oder ihr ganzer Clan kann eben eine Hilfe in der Not sein. Die Klientin konnte sich mit der Maus versöhnen und auch in ihrem eigenen Haus die Mäuse mit Geduld und Schmunzeln wahrnehmen. Ihr Einkommen setzt sich übrigens aus vielen kleinen Beträgen zusammen.

So stehen die Krafttiere mit den Lebensumständen oft miteinander in sinnvollem Zusammenhang. Nur unsere Wünsche kollidieren manchmal mit der Wirklichkeit, auch mit der anderen Wirklichkeit unserer Krafttiere.

Der Kater

Seit Jahren teile ich mit einem Kater das Haus. Unser Sohn hat ihn sich geholt. Der Kater ist unser Familientherapeut, führt ein ausgefülltes Leben und versteht sich auch noch gut zu ernähren. Zwar ist in der Literatur immer wieder zu lesen, dass Haustiere nicht kraftvoll genug seien, um als Krafttiere in unseren Reisen aufzutauchen, bzw. dass es nicht den Regeln entspreche, mit Haustieren Krafttierreisen zu unternehmen, doch gehe ich da einen gänzlich anderen Weg. Für mich ist die Wahl eines Tieres wie der Hauskatze oder eines Haushundes die Wahl eines Krafttieres. Allein die Nähe eines Haustieres wirkt sich ja in den meisten Fällen auf das Wohlbefinden des Besitzers positiv aus. Das ist Kraft im besten Sinne. Das Halten von Haustieren soll für ältere Menschen sogar lebensverlängernd sein. Nun möchte ich Ihnen die Geschichte unseres Katers erzählen. Mein jüngerer Sohn, er war damals elf, wünschte sich eine Katze, nachdem ein Marder dem Leben seines Meerschweinchens sowie der Kaninchen Stipsi und Stripsi ein Ende gesetzt hatte. Er las Bücher über Katzen und wollte wissen, woher er eine Katze bekommen könne. Ich fuhr mit ihm an einem sonnigen Augustnachmittag zu einem Kraftplatz, einer Keltenschanze, die mir oft für Rituale dient, und bat ihn, nach meiner Anleitung eine Krafttierreise zu machen – es würde seine erste schamanische Reise sein. Er sollte dabei den Wunsch und den Auftrag formulieren, wie er seiner Katze begegnen würde. Die Reise verlief wunderbar. Die Luft war erfüllt von Vogelgezwitscher, und es duftete nach den Wiesenblumen. Adrian kam nach etwa 20 Minuten von seiner Reise zurück. Er erzählte, er sei in einen Garten gegangen und habe auf einem Zaun sitzend eine riesige Katze entdeckt, er vermutete, dass es ein Kater war. Er hatte den Eindruck, dass es sich um den Katzengott handelte. Er sprach die Katze an, ob sie wisse, woher er eine Katze bekomme. Die Katze sprach mit ihm sofort, konnte aber mit dem Begriff Katze nichts anfangen. Nachdem unser Sohn dem Katzengott erklärt hatte, was eine Katze sei, nämlich »so etwas wie er«, verstand dieser. Das Katzenwesen nannte ihm daraufhin eine unter Katzen übliche Selbstbezeichnung und sagte ihm, er werde das Tier schon am selben Nachmittag bekommen. Den Namen, den sich Katzen selbst geben, hatte Adrian vergessen, nachdem er von der Reise zurückgekehrt war. Wir beendeten das Ritual und seine gelungene Krafttierreise und fuhren heim. Zu Hause telefonierte ich mit einer Bekannten, und sie sagte mir, dass es bei einem Bauern in ihrer Nähe gerade junge Kätzchen gebe.

Wir fuhren mit der ganzen Familie dorthin. Adrian suchte sich unter all den jungen Katzen die kleinste aus. Er entschied sich sofort und brachte sie nach Hause. Alles war bereits für sie vorbereitet, und er setzte sie in ein warmes Körbchen. Sie ging sofort aufs Katzenklo und war von da an stubenrein. Diese einst mickrige Katze ist nun zehn Jahre alt, wiegt zehn Kilo und kommt dem Bild des Katzengottes sehr nahe, dem Adrian bei seiner Krafttierreise begegnet war. Seit dieser Zeit sind wir Diener eines ausgeglichenen, kraft- und liebevollen Herrn: Adrians Kater »Nino«.

Es muss also nicht unendlich kompliziert sein, eine Krafttierreise durchzuführen, und Sie sehen auch, dass Kinder dazu einen leichten und unverstellten Zugang haben, da sie sich noch sehr nah an dieser durchlässigen Grenze zur Anderwelt befinden. Für Sie werden die Reisen aber auch nicht schwieriger werden.

Schrödingers Katze

Die Voraussetzung der schamanischen Krafttierreise und der schamanischen Arbeit besteht in der Fähigkeit, die Grenze zwischen dem Hier und dem Dort zu überschreiten. Wir müssen nun klären, was das Hier und das Dort in diesem Zusammenhang bedeuten. Das physikalische Gedankenexperiment mit Schrödingers Katze drückt diese Existenz der Grenzfläche sehr schön aus. Dieses Experiment soll den Zustand von Materie und Licht sowie die Gleichzeitigkeit von Ereignissen verbinden. Es ist eine gedankliche Versuchsanordnung, die so angelegt ist, dass der Zerfall eines bestimmten radioaktiven Isotops in einem Raum Giftgasentladungen zur Folge haben kann, die zum Tod einer in dem Raum befindlichen Katze führen. Gleichzeitig gibt es aber auch diesen Raum, in dem dieser Zerfall nicht stattfindet und die Katze lebt.

Die Beschreibung einer Theorie zu Schrödingers Katze ist die Viele-Welten-Interpretation des amerikanischen Physikers Hugh Everett, die die schamanische Welterfahrung unterstützt. In dieser Theorie nimmt man die Gleichzeitigkeit verschiedener Weltzustände an, sodass in der einen Welt die Katze »tot« und in der anderen Welt die Katze »lebendig« sein kann. Everett betont dabei, dass es sich um dieselbe Katze handelt. Everett und inzwischen viele andere namhafte Physiker gehen gleichermaßen von der physikalischen Realität verschiedener Welten aus. Ich ergänze diese Weltsicht noch dadurch, dass es Welten nicht physischer Realitäten gibt, die gleichzeitig mit den physischen Welten existieren. Es gibt dann tatsächlich ein Universum, in dem das Isotop zerfällt und die Katze »tot« ist, und ein

Universum, in dem das Atom noch nicht zerfallen ist und die gleiche Katze »lebt«. Zudem ergänze ich es mit meiner schamanischen Erfahrung, dass es dann noch Universen gibt, in denen die Katze unphysisch lebt, und eine Welt, in der die Katze unphysisch, aber wirklich tot ist. Unsere Erinnerungen und das, was wir als Realität wahrnehmen, entsprechen dann nur einer von unzähligen möglichen Welten.

Unabhängig davon existieren gleichzeitig eine lebendige und eine tote Katze in einem der vielen anderen Universen. Der lebenden Katze im anderen Universum entspricht dann auch noch eine meiner schamanischen Welten, in der ich die Katze bin und dabei ebenfalls wieder beiden Zuständen unterliegen kann.

Bei den schamanischen Reisen folgen wir diesem Prinzip der verschiedenen Welten. Unser Körper ruht in diesem Universum, in dieser Welt, genannt Erde. Unser Geist und ein anderer Körper, der gleichzeitig existiert oder auch tot sein könnte, befindet sich in einem anderen Universum oder auf einer anderen Welt. Er erlebt dort etwas, was hier erst passiert, obwohl es gleichzeitig ist, da sich die Informationen und Verhältnisse der Materien in beiden Welten getrennt verwirklichen. Die nicht physikalische Realität verwirklicht sich ohne die Zeit und findet in beiden Welten statt. Das könnte dazu führen, den Tod der einen Katze zu verhindern und die andere ebenso leben oder sterben zu lassen, da man in beiden Welten auf den Zerfall dieses Teilchens Einfluss genommen hat.

Totem

Das Totem ist ein Tier (oder eine Pflanze), und es gehört der Familie, den Generationen und Sippen an. Damit wird die eigene Abstammung von einem Urtier ausgedrückt und die dauerhafte Beziehung, die man damit über die Zeiten eingegangen ist. Totems sind Wesen, die auch die Ursprünge verschiedener Gruppen und Sippen verbinden können. Das Krafttier hingegen dient einer einzelnen Person und ihrem Wirken in der Welt als Unterstützung. Totemtiere erhält man also aus familiären und sozialen Traditionen, aufgrund bestimmter Geburtshinweise oder durch schamanische Weissagung. Totems sind kollektive Aussagen über Erfahrungen mit Tieren, die weit in der Geschichte zurückreichen und schon im mythischen Beginn einer sozialen Gruppe ihre Wurzeln haben. Ganze Städte und Gemeinden sind einem Totemtier zugeordnet, Familien tragen Wappen, Stämme widmen ihnen Tätowierungen oder Schnitzereien, und für alle gibt es eine Fülle von Feiern und Regeln, die eingehalten werden sollen. Frauen und Männer führen Geschlechtstotemtiere, die sie in ihrer spezifischen Entwicklung begleiten und unterstützen – vom Mädchen zur Frau und vielleicht Mutter bzw. beim Jungen auf dem Weg zur Mannwerdung.

Eine Art, dem Totemtier zu begegnen, ist die Vision, bei der der zukünftige Totemträger das Tier zum ersten Mal trifft. In der realen Begegnung in unserer Alltagswirklichkeit wird es zur Prüfung. Zu den Toten gehört demnach die Frau oder der Mann, der kein Totem, kein Krafttier sein eigen nennt. Ihnen fehlt die vitale und spirituelle Kraft des Lebens. Philip Pullman hat mit seiner Trilogie *His Dark Materials (Der Goldene Kompass, Das magische Messer, Das Bernsteinteleskop)* in wunderbarer Weise ausgedrückt, wie in der Parallelwelt der Daimon eines Tieres jeden Menschen begleitet und dessen Lebenskraft unmittelbar mit der Lebenskraft des Tieres verbunden ist. In instabilen Zeiten zeigt sich, sogar innerhalb von Minuten, wie sich der Charakter des Tieres und seine Art verändern. In Pullmans Darstellung spiegeln die Tiere ihre menschlichen Träger in ihrer Verträglichkeit und Unverträglichkeit auf feine Art und Weise.

Tiere, Pflanzen und Wesen werden als Wegweiser zur sozialen Einstufung oder zur Einteilung familiärer bzw. sozialer Zusammengehörigkeit genutzt. Sie teilen Menschen ein für Tätigkeiten, soziale Dienste und politische Stellungen. Die Totems unterwerfen ihre Träger bestimmten Tabus und erlauben und verbieten ihnen, zu heiraten oder zusammenzuwohnen. Über die normalen sozialen Grenzen hinaus erhalten sich die Besitzer von bestimmten Totems gegenseitig auch dort ihr Leben, ihren Unterhalt, ihre Gastfreundschaft, wo andere ausgeschlossen wären. Die Übertragung

der Kraft kann durch das Tier geschehen oder durch einen anderen Besitzer der Kraft. Ebenso geschieht das durch die Geheimnisträger und Halter der Kraftmasken eines Krafttierbundes. Für die Erneuerung der Tierkraft können andere Schamanen das Tier und die Tierkraft zurückholen, sofern sie schon einmal da war und sich entfernt hat, oder sie gehen auf die Krafttierreise für andere. Der Verlust des Krafttieres irritiert und schwächt, sofern nicht ein anderes aus guten Gründen an seine Stelle getreten ist.
Die Besitzer der Totems erkennen sich an einer inneren Übereinstimmung von seelischer Befindlichkeit, psychischer Ausstattung, körperlichen Zeichen, sprachlichen Gemeinsamkeiten und durch verschiedene Arten von Verhaltensmustern. Man kann dies auch in der Verträglichkeit von Charakter und Lebensweise erkennen. Die Besitzer der Totems tragen weltweit ohne Vereinbarung bestimmte Farben an Körperbemalung oder Kleidung, ziehen bestimmte Formen der Nahrungsaufnahme vor und träumen voneinander auf ihren Wanderungen durch die nächtliche Welt.
Vielleicht haben Sie sich schon gewundert, wie oft Sie von Menschen träumen, die Sie weder kennen, noch denen Sie scheinbar jemals begegnet sind. Es ist immer wieder erstaunlich, obwohl es allnächtlich der Fall ist, dass sich die Träger der Totems über weite Entfernungen und große Zeiten miteinander verständigen.

Ich selbst gehöre den Bären an und erkenne Bärenmenschen, Bärentotemträger, oft schon von Weitem. Manche zeigen sich ganz auffällig in ihrem rotschwarzen Outfit, machen sich durch lautstarkes Brummen bemerkbar und geben sich durch Stimmungsschwankungen deutlich zu erkennen. Der zwischen gesellschaftsfreundlichen und brummelnden Verhaltensweisen wechselnde Bär ist nicht für alle Menschen gut erträglich. Bären geben sich kräftig und sind es auch. Sie sind genügsam und gefräßig zugleich, fressen Fleisch, aber doch die meiste Zeit nur Beeren, Wurzeln, Blätter, ja sogar Gras. Dass Bären mit ihren breiten und großen Pranken mit Gewalt töten können, ist bekannt. Weniger bekannt ist, wie sensibel sie mit ihren Lippen die Beeren von den dornigen Ästen ziehen und die feinen frischen Triebe von Bäumen und Büschen rupfen. Bären bringen im Nu Höchstleistungen beim Laufen und Klettern, und sie werden mürrisch bei Nahrungsmangel. Das sieht man besonders beim Erwachen aus dem Winterschlaf im Frühjahr. Es gibt große Bärentreffen an reich gedeckten Tischen wie bei der Lachsrückkehr oder der Beerenreife. Sonst aber vereinzeln sie sich und achten gegenseitig ihre Grenzen. Ein Bärentotemträger tötet möglichst keinen Bären, keinen Verwandten, das ist tabu. Es reicht meist zu imponieren, zu drohen und vereinzelte Bisse und Tatzenschläge auszuteilen, um die Verhältnisse zu klären.

Nähe und Verstehen kommen zustande, wenn man mit Fremden zusammentrifft, die dem gleichen Clan angehören und in ihrem Verhalten übereinstimmen. Die Clanbeziehungen der Totemträger überschreiten Geschlecht, Familien und Völker, gehen über Ländergrenzen und geistige Grenzen hinweg. Aber es gibt auch deutliche Abgrenzungen zu anderen Clans, mit denen man in friedlicher Koexistenz zusammenlebt oder sich sogar ergänzt. Andererseits gibt es Totemclans, denen man immer fernbleibt oder zumindest unter Vorbehalt begegnet.

Zur Kultur des Totems gehört auch der Ausdruck des Totemtieres in Bildern, Skulpturen und Schmuck. Diese sollten von Ihnen oder einem guten Künstler hergestellt werden und Ihr Haus bzw. Ihre Wohnung schmücken.

Teil 2
Praktische Anleitungen

Es gibt viele Wege, um herauszufinden, welches Ihr Krafttier und welches Ihr Totemtier ist und wie Sie mit ihnen umgehen sollten. Im Folgenden erzähle ich Ihnen von einigen ganz einfachen Methoden.

Manche Menschen werden, wie das bei bestimmten Völkern der Fall ist, von Geburt an einem Tier zugeordnet. Vielleicht müssen Sie sich noch eines dazu erwerben oder das Totem für sich persönlich und individuell entwickeln. Manche gehen auf mehrtägige Visionssuche und begegnen dem Tier an einsamen Plätzen in der Natur, in seiner lebendigen Gestalt oder in der spirituellen Wahrnehmung. Der Verstand ist dabei zurückgetreten und das innere Auge wach. Andere verbinden sich mit dem ersten erlegten Tier oder mit dem Tier, mit dem sie ein besonderes Erlebnis wie Tod oder Geburt eines Familienmitgliedes verknüpfen.

Formen der Krafttierreisen

Wir werden uns nun direkt den Krafttierreisen zuwenden. Dabei werden Sie durch die Welt der Gedanken, der Psyche und der Seele streifen, wobei ich übrigens die beiden Letztgenannten, wie Sie sehen werden, voneinander unterscheide. Sie besuchen fremde Länder, ferne Welten und die unsichtbare Welt, die in den Krafttierreisen für längere Zeit Ihr Aufenthaltsort wird. Sie begegnen Gedanken, der Vorstellung, der angeleiteten und der freien Imagination.

Später führen Sie leichte Formen der Trance für den Geist und den Körper selbst durch. An Beispielen lernen Sie, wie Sie aus dem Erleben Ihres eigenen Krafttierreiseabenteuers Schlüsse ziehen und die Antworten, die Sie dabei bekommen, praktisch umsetzen.

Um Ihnen eine Vorstellung davon zu vermitteln, wie Krafttierreisen wirken können, erzähle ich Ihnen jetzt eine Geschichte aus meiner schamanischen Heilpraxis. Ich arbeitete mit einer kraftvollen Frau mittleren Alters, die an Brustkrebs erkrankt war. Sie hatte sehr selbständig entschieden, welche schulmedizinischen und welche alternativen Möglichkeiten der Behandlung sie zulassen wollte, und war nun nach der Operation zu mir gekommen, um sich von Grund auf zu regenerieren. Im Gespräch stellte sich heraus, dass sie durch die Natur schon viel Kraft und Stärke

erfahren hatte. Zusätzlich wollte sie herausfinden, was der höhere Sinn ihres Lebens war.
Wir begannen mit einer gemeinsamen Imaginationsreise, bei der wir von ihrem Wohnhaus am Stadtrand, in dem sie mit Mann und Kind lebte, ausgingen. Die schamanische Sitzung führten wir im dritten Stock eines Wohn- und Geschäftshauses mitten in der Stadt durch. Die Reise führte von ihrem Haus bis hinein in den nahe gelegenen Wald. Die Imagination des Waldes hatte eine große Anziehungskraft auf sie, und so konnten wir weit in den Wald vordringen. Später beobachteten wir am Waldrand einen Ameisenhaufen. Sie entdeckte in sich das Gefühl, dass sich die Struktur und Ordnung des Ameisenhaufens auf ihr Leben übertragen ließen und dass ihr Leben in Ordnung sei.

In dieser positiven Stimmung holte ich sie langsam wieder aus der Imaginationsreise zurück. Sie hatte die Augen noch nicht geöffnet, da zeigte sich über ihrem Kleiderausschnitt mitten auf ihrer Brust eine Ameise, die Richtung Kopf krabbelte. Ich machte sie darauf aufmerksam und bat sie, die Augen zu öffnen. Da konnte sie selbst die aus dem Unsichtbaren in die Materie gehobene Ameise auf ihrer Brust sehen. Indem sich die spirituelle Erfahrung von Ordnung in Gestalt der Ameise manifestierte, wurde diese Erfahrung der Sinnhaftigkeit in der Realität verankert. Später entließen wir die Ameise ins Freie, und ich gab der Frau ein

Krafttierbild der Ameise, das viele Male auf meiner schamanischen Mesa, einem Altar mit Kraftgegenständen, rituell mit verschiedenen Energien geladen worden war.
Diese Art der Manifestation gehört zu schamanischen Reisen. Sie ist ein untrüglicher Teil der anderen Wirklichkeit und deren Wirkung aus dem Unsichtbaren in unser sichtbares Leben. Desgleichen wirken wir aber auch in das Unsichtbare hinüber. Eine derartige Reise ist eine Heilreise zu den Tieren, die Kraft und Freude, Inspiration und Wissen liefert und deshalb für die Gesundheit und das psychische Wohlbefinden so außerordentlich wertvoll ist. Die Krafttierreise ist ein Angebot der Krafttiere an uns. Sie ist eine Erinnerung an unser gemeinsames Leben. Der Kontakt mit Krafttieren ist ein Geschenk, das die Welt Ihnen macht. Wir ehren nämlich die Schenkenden durch das freudige Annehmen der Geschenke!

Exotische Länder

Reisen bildet, auch im Hinblick auf Tiere. Begegnungen in der Fremde – beispielsweise mit Elefanten in Thailand, Walen vor den Kanaren oder Krokodilen am Nil – sind einzigartige Gelegenheiten, um mit Tieren, die in unserem Gedächtnis gespeichert sind, in Kontakt zu treten. Ich selbst konnte während eines Gomera-Aufenthaltes mit meiner schamanischen Ausbildungsgruppe Tümmler, Haie und Meeresschildkröten bei einer Meeresfahrt beobachten. Das ist immer ein besonderes Eintauchen in diese Welt der Tiefe und Weite. Manche Patenschaften, Rettungsgemeinschaften und Schutzorganisationen für Tiere und ihre natürliche Umwelt sind entstanden, weil sich jemand aus einer tiefen Verbundenheit angesprochen fühlte und daraus Kraft und Freude schöpft, den Tieren, in die er sich mehr als verliebt hat, zu helfen.

Ob Kamelreisen in die Wüste, Eselsritte durch Korsika, Reiten durch die Camargue, Tauchen auf den Malediven – all das bringt Menschen in Verbindung mit Tieren und verbessert und vertieft das Verhältnis zueinander. So hielt mir kürzlich ein Taucher eine Predigt darüber, dass ich keinen Thunfisch mehr essen solle, da dieser durch Überfischung vom Aussterben bedroht sei. Seine Erfahrungen in der Unterwasserwelt machten ihn zum glühenden Kämpfer gegen den weltweiten räuberischen Fischfang.

Bei einem Besuch einiger Schamanen aus aller Welt bei uns in Bayern staunten viele, wie viel Wald es hier gibt und wie grün es ist. Wenn wir also über exotische Welten reden, sollten wir bedenken: Auch unsere Welt ist exotisch, allerdings meist nicht für uns, sondern für andere.

Ferne Welten

Zu den Eigentümlichkeiten der Krafttierreisen gehört es, dass man sich in fremden Gegenden, Ländern und Kontinenten bewegt. Die Tiere fordern uns auf, in vertraute und unbekannte Landschaften, Gebirge, Eiswüsten, Dschungel, weite Ebenen und zerklüftete Küsten vorzudringen, in die Lüfte aufzusteigen oder ins Meer hinunterzutauchen. Je nach Tiergattung durchqueren wir den Himmel, wühlen uns durch den Boden, wandern durch Grassteppen, kämpfen uns durch Wälder. Wir legen dabei mitunter weite Strecken für den Nahrungserwerb oder für Informationen, die wir suchen, zurück. Bei meinen ersten Krafttierreisen begegnete ich einem Pferd, das sich bei den wiederholten Reisen mit mir durch Prärien, Wälder und durch steinige Furten bergauf und bergab bewegte. Auf ihm bin ich geritten, habe es geführt, bin hinter ihm hergegangen und neben ihm geschwommen. Ich habe es getränkt, gefüttert und gestriegelt und bin von meiner Partnerin, hinter mir auf dem Pferd sitzend, begleitet worden. Es führte mich auf langen Reisen zu Brunnen, trug mich zu Nahrungsquellen und ermöglichte mir Begegnungen mit anderen Wesen. Dabei unternahmen wir immer vom gleichen Ausgangsort aus weite Reisen. Marco Polo dürfte auf seinen Pferden nicht weiter gekommen und so mancher Mongole nicht wilder geritten sein als ich auf meinem Pferd. Ich habe dafür sogar in dieser Wirklichkeit begonnen, das Reiten zu lernen.

Während mich das Pferd in einer irdischen Wirklichkeit begleitete, waren andere Krafttiere in der Lage, mich in unbekannte Ebenen zu führen. Der schlaue Luchs brachte mich in die geheimen Welten der Bergwerke, hinunter zu den Steinen und Kristallen, in die Tiefen der geheimnisvollen Kreativität – eine Welt, die mir nur mit ihm zugänglich war und ist. Er ist der Toröffner und kennt die tägliche geheime Losung, die es ermöglicht, dass die Wächter uns an den Toren zu den Kristallkathedralen und den Edelsteinhallen nicht zurückweisen und uns Zutritt zu den Goldadern und Silbergruben gewähren. Er ist in der Lage, den großen Kristall zu öffnen, in den ich mich zur Gesundung und Informationsübertragung hineinbegebe wie in einen stehenden Glassarg. Er begleitet mich zu den Zwergenwesen, Gnomen und Trollen, die an den Wurzeln ziehen, die Lichter verantwortungsvoll entzünden und löschen, die die Wässer verteilen und Stollen und Streben in der Erdtiefe kontrollieren und erweitern. Er weist mich darauf hin, wann wir umkehren müssen, weil wir zu wenig Luft bekommen, zu großer Hitze oder zu schwerem Druck ausgesetzt sind. Er ist ein geheimnisvoller Führer, der Seines tut, ohne sich selbst mitzuteilen, und von dem ich wenig weiß. Er ist ein Magier ohne Zauberstab, der mit der bloßen Kraft der Augen fremde Welten entstehen lassen kann.

Der fliegende Saurier brachte mich durch Raum und Zeit der Erde über Hunderttausende von Jahren und ließ mich auf seinem Rücken Weltenaufbau und -zerstörung, Weltenwandlung und Weltenwachstum aus sicherer Entfernung und doch nah genug beobachten und erleben: speiende Vul-

kane, brodelnde Gewässer, verschlingende Sümpfe, vereiste Pflanzenteppiche, gigantische Baumriesen, unendliche Moose und Flechten; brechende Bergspitzen, schürfende Eisflüsse, schiebende Riesensteine und rauschendes Geröll. Dabei ließ er mich an dem Fressen und Gefressenwerden, an Geburten und Toden, Kämpfen, Verfolgungsjagden und Fluchten teilhaben.
Vor Jahren war bei einem neuen Computer ein Kampfspiel mitinstalliert, das mich ins Schwitzen brachte. Vollends in Verzweiflung geriet ich, als ich sah, wie meine Flugsaurier als Kampfmaschinen getötet wurden und tötend in Aktion traten. Im Spiel waren sehr schlechte, aber doch eindeutige Bezüge zu meinen Visionen, und ich wusste, dass es jemanden gibt, der auch in diese Welten reist, aber etwas anderes vorhat als ich.

Unsichtbare Welten

Die unsichtbare Welt wird auf alle Fälle in der Krafttierreise sinnlich erfahrbar. Sie wird sichtbar, hörbar, riechbar, spürbar, denkbar. Sie werden sie fühlen und mit dem inneren Sehapparat wahrnehmen. Im besten Sinne ist die Erfahrung der unsichtbaren Welt eine Erfahrung unter der Mitwirkung aller Sinne, ein multimediales Spektakel, ein Musical der Natur, eine Schicksalssymphonie und ein dramatisches Theater, das hinter dem Vorhang des Erlebenden für andere nur bruchstückhaft hervorlugt, solange man die anderen nicht einlädt, daran teilzuhaben, und sie die gleiche Spur finden, die gleiche Zeit und den gleichen Ort, um in der gleichen Ebene mit uns zu verkehren und uns zu begegnen. Deshalb hat die schamanische Arbeit unter den indigenen Völkern ein so großes Ansehen, da dort noch alle Personen in den gesamten Prozess hineintauchen und mit hindurchgehen. Sie erkennen noch das wieder, was der Schamanenhelfer übersetzt. Bei manchen schamanischen Sitzungen wird durch Gebete, wiederholte Rituale, eine gemeinsame Trance oder die Gabe von Halluzinogenen ein Feld der Gemeinsamkeit errichtet, in dem sich alle zusammen und auch individuell bewegen. Bei uns fehlt weitgehend diese gemeinschaftliche Erfahrung. Dies führt zu sehr individualistischen Ausformungen, die unserem Leben in der Gesellschaft entsprechen. Gleichzeitig ist ein Mangel im Raum, da es fast nie um einzelne Personen geht, sondern um Systeme von Familie, Berufskollegen oder anderen Gruppen.

Ich arbeite in meiner schamanischen Praxis deshalb gerne mit Gruppen, Paaren, Eltern und Kindern, um alle Beteiligten in diesen Prozess mit hineinzunehmen. Denn Konflikte und Krankheiten sind vernetzte Prozesse. Besonders wenn die unsichtbaren Welten mitwirken, ist es wunderbar, in der Gemeinschaft eine schamanische Entwicklungserfahrung zu machen. Dabei arbeitet man den eigenen, individuellen und charakteristischen, schicksalsbestimmenden Stil heraus, der im Unsichtbaren mitgeformt wird. Es ist ein großartiges Erlebnis, wenn sich eine Gruppe dem gleichen Tier bei einer Krafttierreise widmet.

Das Unsichtbare wird einmal durch ein physikalisches Phänomen hervorgerufen, dann durch die Zeit- und Raumverschiebung und durch die nicht kausalen Beziehungen zwischen den verschachtelten, das heißt sich überschneidenden Welten. Das physikalische Phänomen ist relativ leicht zu erklären: Es gibt bestimmte Geschwindigkeiten, die für die fünf Sinne des Menschen und auch für die auf unterschiedlichen Reizschwellen funktionierenden Wahrnehmungsfähigkeiten der Tiere nicht zu erkennen sind und die eine Vermittlung benötigen, um erkannt zu werden. Es sind die Geschwindigkeit des Lichts, des Schalls, der Nervenleitbahnen, der Zeit, deren das Gehirn zur Informationsverarbeitung bedarf.

Ein paar Beispiele mögen Ihnen das verdeutlichen. Sich drehende Fahrzeugspeichen werden ab einer bestimmten Geschwindigkeit als Fläche wahrgenommen. Die Einzelbilder einer Filmaufnahme nimmt man, schnell hintereinander gezeigt, als laufende Bilder wahr. Schwarze Flächen werden als weiß und spiegelnd erlebt, da wir das zurückgeworfene Licht als Farbe Weiß oder die regenbogenfarbigen Abkömmlinge des Lichts sehen und das Licht schluckende Schwarz verschwindet. Die Überstrahlung von Objekten durch helles Licht lässt diese für unser Auge unsichtbar werden. Bei Tieren können wir viele Bewegungen nicht mehr

wahrnehmen, weil sie schneller sind als unsere Augen. Kolibris beispielsweise fliegen so schnell, dass ihre Flügel fast unsichtbar werden.
Wenn Sie bereits von Parallelwelten gehört haben, dann ist das ein Anfang, um ein Verständnis zu entwickeln und die erforderlichen Wahrnehmungsinstanzen zu entwickeln, die dem schamanisch Geschulten die unsichtbaren Welten offenbaren. Es bedarf der Konzentration und der Übung, diese Welten zu erleben und zu erfahren. In dem Kapitel von der Anderwelt bereiten wir die Reisen vor und betreten dann diese Welt, die Ihnen jetzt noch verschlossen und geheimnisvoll erscheinen mag. Geheimnisvoll wird die Anderwelt immer bleiben, aber Sie werden lernen, sie durch das von Ihnen geöffnete Tor zu betreten.

Krafttierreisen Schritt für Schritt

Wir wollen nun in die Praxis der Krafttierreisen einsteigen. Damit das sicher gelingen kann, sollten Sie meinen Vorschlägen und meiner Anleitung Schritt für Schritt folgen, also auch von vorne beginnen. Mit zunehmender Erfahrung und wachsendem Vertrauen lassen sich die Übungen dann erweitern. Für alle hier angewandten Techniken gilt: Nehmen Sie erst einmal die Möglichkeit wahr, neue Erfahrungen zu machen. Akzeptieren Sie dankbar jede der Erfahrungen, und versuchen Sie, zunächst auf Bewertungen zu verzichten. Geben Sie sich die Gelegenheit, mehrere Male auf Krafttierreisen zu gehen, und fordern Sie nicht zu viel von sich und von Ihrer Reise. Sie werden erleben, dass sich bei wiederholten Reisen und mehrmaligen Kontakten eine Erweiterung des Bewusstseins einstellt. Unter Umständen geschieht selbst bei häufigem Reisen gar nichts und Sie begegnen nicht einmal Ihrem Krafttier, aber das sind seltene Fälle, und auch diese werden Sie im Laufe der Zeit als sinnvoll erfahren.

Sie machen allerdings eine wunderbare Erfahrung: Sie können Krafttierreisen machen. Jeder kann das. Sie haben meist sogar mehr als ein Krafttier. Sie werden, um all Ihre Krafttiere kennenzulernen, immer wieder Reisen machen. Als verstörend erleben manchmal Krafttierreisende die Begegnung mit anderen Wesen oder Menschengestalten. Wenn Sie sich auf den Weg machen, mit Ihrem Krafttier in Kontakt zu treten, nehmen Sie dankend und ohne Widerspruch alles an, was Ihnen auf diesem Weg begegnet. Freuen Sie sich über jede spirituelle Erfahrung! Dies kann Leere, Ruhe, Information, Selbsterfahrung, Eigenerkenntnis, Begegnung mit der Innenwelt, Übertreten der eigenen Grenzen sein. Jede dieser Erfahrungen kann Ihnen bei Ihrer persönlichen Entfaltung helfen. Diese spirituellen Erfahrungen bedürfen sonst oft erheblichen Aufwands an Zeit,

Kasteiung, Selbstdisziplin, Zurückgezogenheit, sodass bei solch schnellem und spontanem Aufflammen schamanischer Erfahrung, Dankbarkeit angesagt ist.
Machen Sie sich frei von der Vorstellung, dass eine Krafttierreise einen ganz bestimmten Ablauf und Inhalt haben müsste. Geben Sie dem Moment und sich die Chance, die kreativen Möglichkeiten zu entdecken, die Sie und die Tiere auf Ihren Krafttierreisen entwickeln. Wenn Sie nachts bereits von Krafttieren geträumt haben oder bei Krafttierimaginationen oder -reisen einem Tier häufig begegnen, haben Sie eines Ihrer Krafttiere bereits gefunden. Allerdings gibt es auch Mehrfachbegegnungen mit Tieren, die nie Ihr Krafttier sind oder werden und gleich einer Versuchung auf Sie warten und Sie abzulenken versuchen. Es entspringt dem Wunsch des Egos, möglichst Krafttiere mit einer hohen subjektiven bzw. gesellschaftlichen Wertigkeit zu erwerben. Nicht immer ist das so gefundene Krafttier aber das gewünschte.
Es macht für Sie keinen Unterschied, ob Sie etwas gedacht oder gefühlt, ob Sie es sich vorgestellt oder wirklich erlebt haben. Folgen Sie dem, was Sie bekommen. Bleiben Sie offen für die angebotenen Möglichkeiten, mit Tieren in Kontakt zu treten und zu bleiben. Bei Krafttierreisen durchstreifen Sie verschiedene Ebenen, Zeiten und Welten. Diese können Sie sich zum Teil aussuchen, zum Teil werden Sie dort eingeladen, oder Sie finden sich in einer Ihnen fremden Situation oder Umgebung wieder.

Einige praktische Hilfsmittel

Wie für eine Reise oder Wanderung bereiten Sie sich auch auf Ihre Krafttierreisen vor. Statten Sie einen Platz zum Liegen für Ihre Reise mit Decken oder Fellen aus, als Unterlage und zum Zudecken. Das lange Liegen soll schließlich bequem und angenehm sein. Bei Beschwerden im Rücken können Sie Kissen unter Ihre Knie legen. Für die Vorbereitung und Einstimmung auf die innere Reise und Trance benützen Sie oder Ihre Helfer eine Rassel oder Trommel. Sie können auch eine CD auflegen, die mit schamanischen Trommelrhythmen Ihre Reise unterstützt. Eine Augenbinde oder Schlafmaske kann am Anfang hilfreich sein, um sich ganz in die Dunkelheit zu begeben.

Wie bereits angedeutet, ist es sinnvoll, sich für die Bearbeitung der Reisen ein Reisetagebuch zuzulegen, um die Reisen, Bilder, Nachrichten und Sätze aufzumalen und aufzuschreiben. Weitere Vorbereitungsmaßnahmen sind in dem Teil über Rituale ausgeführt (Seite249 ff.), deren Anwendung den Umgang mit Ihren Krafttieren vertieft.

Alleine oder in Begleitung reisen?

Die meisten Reisen, die in diesem Buch beschrieben werden, können Sie alleine durchführen. Schamanisches Arbeiten ist allerdings eine soziale Arbeit, und so unterstützt eine Begleitung durch einen Freund bzw. eine Freundin oder auch das Erleben in einer Gruppe die Dichte des Reisens. Es ist einfach gut, wenn jemand für Sie trommelt oder rasselt, dabei ist und Ihnen Sicherheit gibt, Störungen während der Reise von Ihnen fernhält und Ihnen nach der Reise ein Glas Wasser reicht oder auch einfach den Arm um Sie legt, damit Sie sich gehalten fühlen, wenn die Reise erfüllend und aufregend war. Manchmal möchte man jemandem den Inhalt einer Reise erzählen.

Es werden in diesem Buch auch einige Reisen beschrieben, die Sie zumindest am Anfang nur unter Anleitung eines Begleiters oder Helfers machen sollten, damit Sie sich bei Bewegungen nicht verletzen und bei der Rückkehr von der Reise auch gut zurückgeholt werden. Ihr Begleiter kann dafür sorgen, dass Sie dreimal auf den Boden klopfen, und Sie auch sonst in diese Wirklichkeit zurückholen. Ein paar Übungen sind so angelegt, dass ein Begleiter für Sie spricht und Sie führt, um Sie frei zu machen für Ihre Empfindungen, Gefühle und Gedanken. Sie können sich dann im Nachhinein über Ihre Reise mit dem Begleiter austauschen und dadurch Ihre Einsichten noch vertiefen. Wenn ein Leiter empfohlen wird, soll damit explizit hervorgehoben werden, dass es wünschenswert ist, dass eine erfahrene Person dabei ist.

Für die Ausführungen der Aufgaben, Übungen und Anleitungen in diesem Buch sollten Sie noch Folgendes wissen: Aufgaben sind dazu gedacht, zielgerichtet ein Ergebnis herbeizuführen. Die Übungen sollten wiederholt angewandt werden, wobei die Ergebnisse von Mal zu Mal voneinander abweichen können. Die Anleitungen dienen schließlich dazu, die jeweilige Reihenfolge eines bestimmten Ablaufes aufzuzeigen, und beziehen sich auf Krafttierreisen, die Sie für jemand anderen vornehmen bzw. die jemand anders für Sie durchführt.

Begegnungen in der Natur

Begeben Sie sich in einen Wildpark oder in den Zoo, um Tieren zu begegnen. Wenn Zoos und Wildparks eine Aufgabe haben (neben der, bedrohte Arten zu züchten und so ihren Fortbestand zu sichern), dann die, Menschen, die wenig Gelegenheit haben, Wildtieren zu begegnen, dies zu ermöglichen. So manch ein Besucher hat sich schon Aug in Aug mit dem Tier verliebt: in einen Elefanten, einen Orang Utan oder gar in eine Spinne. Dieses Verlieben ist der unmittelbare Austausch, ein Übertragen der Eigenschaften unserer inneren Befindlichkeit. Über die Brücke des Auges und die Tiefe des Blickes spiegeln einander die Seelen von Mensch und Tier. Zwischen den Tieren und uns gibt es ein Gespür für die Verbundenheit und die gemeinsame Herkunft aus der Tiefe der Zeit.

Selbstverständlich ist für die Verbindung mit Krafttieren der Aufenthalt in Wald und Flur sehr hilfreich. Verbinden Sie sich wieder mit den natürlichen Abläufen wie Wind und Wetter, Regen, Blitz und Donner. Besonders aufregend ist der Aufenthalt in der Natur nachts, denn dann kommen die meisten Tiere erst richtig ins aktive Leben. Wenn Sie hören können, wie die Kröten ihre Konzerte veranstalten, das Buhu der Eulen echohaft die Nacht durchdringt und Sie dem Spiel der Marder zusehen, sind Sie gut für Ihre Krafttierreisen vorbereitet. Wenn Sie dem Flug der Fledermäuse, dem Trappeln der Igel und dem Schleichen der Katzen in den Gärten wachen Sinnes folgen, unterstützt es Ihre Reise in die Welt Ihrer Krafttiere, mögen diese auch exotischer sein und nicht der heimischen Tierwelt angehören. Die Welt unter dem Mond und den Sternen ist geheimnisvoller als der Tag, verschwiegen trotz der vielen Tiergeräusche, ruhig in ihrem Dahingleiten und grausam in den vielen Toten, deren Sterben wir in der Nacht viele Male mitbekommen. Mindestens so spannend ist eine Nacht in Afrika oder einem anderen Kontinent. Denn in den heißen Gegenden der Welt spielt sich das nächtliche Leben noch intensiver und dramatischer ab, wenn Elefanten durch Büsche krachen, Löwen meilenweit ihr Gebrüll verbreiten und Hyänen ihr schräges Heulen bis in unsere Knochen schicken, die Vögel ihr Geschrei aus den Schlafbäumen anstimmen, in die sie abends von weither zurückgekehrt sind, und sogar die Krokodile die Nacht mit allerlei Klangformen bereichern. Da ist dann die nordamerikanische Prärie vergleichsweise still und setzt gegen die wilden Konzerte Afrikas ihre Nuancen vom leisen Grunzen der Stachelschweine, von weidenden

Pferden oder Bisons und dem Klappern der Schlangen. Und wenn wir uns wieder zurück in heimische Gefilde begeben, kann es auch sein, wie gerade beim Schreiben dieses Buches geschehen, dass beim familiären Frühstück ein roter Milan, zwei Bussarde und dazu ein junger Steinadler auftauchen, um ihre Grüße mit den Schwingen in die Luft über unserem Haus zu schreiben.

Gedankliche Verbindung mit Tieren

Ganz anders als die Erlebnisse in der Natur können Sie sich auch in Gedanken einem Tier widmen. Denken ist der erste Schritt auf dem Weg der Krafttierreisen. Sie denken das Wort »Katze« und verbinden damit Ihre persönliche Vorstellung von einer Katze. Vielleicht fühlen Sie sich mit Ihrer Katze verbunden. Vielleicht taucht auch nur ein abstrakter Inhalt dieses Tieres auf, das schnurrt und Mäuse fängt. Denken Sie an ein Tier! Das kann nun bedeuten, dass Sie nur die Sprache benützen, um diesen Gedanken zu fassen. Denken Sie also das Wort »Adler«! Je nachdem, womit Ihr Denksystem gefüllt ist, kann es sein, dass Sie an Wappenbilder denken, oder Sie haben das Bild des Adlers auf einer Münze vor sich. Es kann ebenso gut sein, dass Sie an den freien Flug des Adlers über den Bergen denken, oder Sie erinnern sich an eine Vorführung in einer Greifvogelstation. Wie auch immer – Sie können Ihre Gedanken lenken. Sie können aus Ihrem Gedächtnisarchiv Eigenschaften des Adlers als Greifvogel abrufen. Wie auch immer Sie es machen, Sie haben meist über ein Tier viele unterschiedliche Kenntnisse bzw. gedankliche Vorstellungen. Lassen Sie diese auftauchen, und folgen Sie ihnen und den überraschenden Facetten, die Sie dabei entdecken. Nutzen Sie den Reichtum an Bildern, den Sie in Ihrem Inneren besitzen. Denken Sie an Zeichnungen, Fotos, Skulpturen, Architekturdetails, Filme und Bücher, die Ihnen etwas über den Adler mitteilen. Erinnern Sie sich an ein Traumbild oder einen Tänzer, der den Adler verkörperte. Vielleicht geht es Ihnen wie einigen Besuchern bei Hopiritualen, die von den getanzten Tieren und Gestalten so betroffen waren, dass sich ihr Leben für neue Wege öffnete.

Lassen Sie sich von Ihrer intellektuellen Kraft und von Ihrem Wissen leiten. Nehmen Sie das dankbar in Anspruch, was Ihnen Schulen, Zeitungen, Fernsehen und Filme übermittelt haben. Sie müssen nicht alles neu erfinden.

Tiefenentspannung als Vorbereitung

Fangen wir mit einer tiefen Entspannung als Vorbereitung zur Krafttierreise an. Wer autogenes Training, progressive Muskelentspannung oder dergleichen kennt, tut sich hier leicht und kann die folgenden Anweisungen überspringen. Ist die Entspannungsübung für Sie neu, werden Sie deren angenehme Wirkung auch jenseits von Krafttierreisen verspüren.

Die Anleitung ist sehr einfach, und Sie brauchen sich nicht alles zu merken. Nach mehrmaliger Anwendung wird Ihnen die Übung, die Sie im Sitzen und im Liegen durchführen können, zur selbstverständlichen Gewohnheit werden. Da man durch die Entspannungsübung leicht einschläft, ist es empfehlenswert, zunächst im Sitzen zu üben. Schließlich sollte es Ihnen nicht so gehen wie mir gelegentlich, dass Sie durch Ihr eigenes Schnarchen wieder geweckt werden.

Übung: Tiefenentspannung

Dauer:	20 bis 30 Minuten
Ort:	geschützter Raum oder in der Natur
Begleitung:	wünschenswert, für Gruppen geeignet
Hilfsmittel:	Rassel, Trommel, CD, Reisetagebuch

Bei der Tiefenentspannung geben Sie sich selbst unterschiedliche Impulse, die allein dadurch schon entspannend wirken, dass Sie die Möglichkeit haben, sich zu entspannen oder auch nicht zu entspannen. Sie sitzen oder liegen, sprechen laut oder leise und atmen dabei tief ein und aus. Behalten Sie diese tiefe Atmung während der folgenden Impulse bei:

- Meine Füße sind entspannt oder auch nicht.
- Meine Muskeln, Sehnen und Gefäße entspannen sich oder auch nicht.
- Egal ob sich meine Füße entspannen, entspannt sich mein ganzer Körper.
- Meine Waden entspannen sich oder auch nicht. Meine Muskeln, Sehnen und Gefäße entspannen sich oder auch nicht. Sie dehnen sich in der Entspannung. Egal ob sich meine Waden entspannen oder auch nicht, entspannt sich mein Körper.
- Meine Oberschenkel entspannen sich oder auch nicht.
- Meine Muskeln, Sehnen und Gefäße entspannen sich oder auch nicht. Mein ganzer Körper entspannt sich, egal ob sich meine Oberschenkel entspannen oder auch nicht.
- Mein Gesäß entspannt sich oder auch nicht.
- Die Muskeln, Sehnen und Gefäße entspannen sich oder auch nicht. Mein ganzer Körper entspannt sich, egal ob sich mein Gesäß entspannt oder auch nicht.
- Mein Rücken entspannt sich. Meine Muskeln, Sehnen, Gefäße entspannen sich oder auch nicht. Mein ganzer Körper entspannt sich, egal

ob sich mein Rücken entspannt oder auch nicht.

- Meine Schultern entspannen sich oder auch nicht. Die Muskeln, Sehnen und Gefäße entspannen sich oder auch nicht. Mein ganzer Körper entspannt sich, egal ob sich meine Schultern entspannen oder auch nicht.
- Mein Nacken entspannt sich oder auch nicht. Meine Muskeln, Sehnen, Gefäße entspannen sich oder auch nicht. Mein ganzer Körper entspannt sich, egal ob sich mein Nacken entspannt oder auch nicht.

Wenn Sie diese Einführung durchgesprochen und gefühlt haben, dann dürften Sie in einem Zustand sein, der eine Reise zu den Krafttieren begünstigt.
Sollten Sie noch etwas Ruhe brauchen, ergänzen Sie:

- Angenehme Schwere sinkt von den Schultern abwärts bis in die Füße.
- Angenehme Wärme steigt von den Füßen aufwärts bis zum Hals, mein Kopf ist angenehm kühl, leicht und frei.
- Dann laden Sie ein Tier zu sich ein, eines, dem Sie gerne begegnen würden, oder einfach ein

Tier, mit dem Sie bereit sind, Erfahrungen zu machen.

- Atmen Sie tief ein und aus, und warten Sie auf das, was kommt. Tun Sie nichts, am besten erwarten Sie nicht einmal etwas.
- Bleiben Sie entspannt und spüren Sie die Schwere und Wärme im Körper.

Sie haben eine Einladung ausgesprochen, und es kann ein Tier oder etwas anderes der Einladung folgen oder auch nicht. Es ist wie im richtigen Leben.

- Nehmen Sie alles wahr, was Sie sehen, riechen, fühlen oder denken. Lassen Sie zu, was geschieht, mischen Sie sich nicht ein, atmen Sie weiter, bleiben Sie möglichst so entspannt, wie Sie gerade waren.
- Es kann sein, dass Sie nur ein Auge, das Fell oder Federkleid eines Tieres wahrnehmen. Vielleicht spüren Sie die Wärme, den Geruch oder die Bewegung. Bleiben Sie dabei ruhig. Folgen Sie den Impulsen, die auftauchen, und akzeptieren Sie locker jede Veränderung.

Wenn Sie das Gefühl haben, es ist genug, oder Sie wollen nicht mehr länger, wenn Sie ungeduldig werden, dann kommen Sie langsam auf folgende Art zurück:

- Bleiben Sie in der tiefen Atmung, und gehen Sie in der umgekehrten Reihenfolge, die Sie anfänglich genommen haben, zurück. Wenn es Ihnen zunächst nicht gelingen sollte, die Reihenfolge einzuhalten, dann benennen Sie alle angesprochenen Körperteile. Aber selbst das ist nicht unbedingt erforderlich.
- Atmen Sie also tief ein und aus, und denken und spüren Sie Ihren Nacken, dann die Schultern, Rücken usw. Wenn Sie bei den Füßen angekommen sind, sind Sie fertig.
- Klopfen Sie jetzt dreimal auf einen festen Gegenstand oder auf den Boden, um in die Realität zurückzukehren.
- Bleiben Sie noch ein paar Minuten sitzen oder liegen, bis Ihr Blutdruck und Ihr Puls wieder normalisiert sind.
- Schreiben Sie in Ihr Reisetagebuch, was Ihnen begegnet ist.

Imagination

Wählen Sie einen ruhigen Ort, einen ungestörten und sicheren Platz, atmen Sie ruhig und gelassen ein und aus. Sie können gewiss sein: Es stellen sich Gedanken und Bilder ein. Wenn Sie dazu neigen, dabei zu irgendwelchen alten Gedanken abzuschweifen, die Ihnen nicht guttun, dann beginnen Sie so schnell Sie eben können mit der selbstgesteuerten Imagination bzw. Vorstellungskraft: Konzentrieren Sie sich auf etwas, das Sie gerne denken wollen. Unterstützen Sie den Prozess durch Bilder, Laute und Gerüche, die Sie Ihrem Gedächtnisspeicher entlocken. Sollten Sie zu den Menschen gehören, die sich mit der Vorstellungskraft schwertun, dann verfahren Sie so: Wenn Ihnen ein grüner Papagei in den Sinn kommt, dann überlegen Sie, wie groß er ist, welches Geschlecht er hat, welche Farben seine Federn haben, was er frisst, worauf er sitzt. Denken Sie, als würden Sie schreiben! Denken Sie in Wörtern, auch wenn das passende Bild dazu nicht auftaucht. Diese Gedanken sind genauso viel wert. Stellen Sie sich etwas vor, oder denken Sie an etwas, was Sie erfreut oder interessiert, etwas, was Sie farbig, bunt, lebendig, mit Gerüchen, Gefühlen und Körperwahrnehmungen ausstatten können.

Sie kennen solche Imaginationen, wenn Sie sich Ihren vergangenen oder künftigen Urlaub vorstellen. Wenn Sie nun die Imagination nutzen, bemerken Sie, dass Sie sie am besten ausstatten können, wenn Sie vorher viel gesehen haben und über das Objekt oder den Inhalt Ihrer Imagination etwas wissen. Wählen Sie deshalb für Ihre ersten Imaginationen Tiere aus Ihrer Favoritenliste. Geeignet ist auch ein Tier, über das Sie etwas gelesen haben, oder noch besser, das Sie selbst in Ihrer Umgebung gepflegt, gefüttert, schon berührt und gerochen haben. Gesetzt den Fall, Sie haben einen Hund, einen Plüschbären oder Ihren Wellensittich gewählt, geben Sie diesem Tier in Ihrer Vorstellung einen Platz, der Ihnen und dem Tier angenehm ist. Den Wellensittich würde ich in einen blühenden oder mit Obst behangenen Strauch setzen, und er würde dabei am Obst nagen. Berühren Sie das Tier mit der Hand, wenn es für Sie und das Tier angenehm ist. Ich würde den Wellensittich – ich stelle ihn mir gerade blau vor, mit einer blauen Nasenwurzel, die ihn als Männchen auszeichnet – auf meinen Finger anfliegen und, wenn er sich niederlässt, etwas wippen lassen, bis er in Balance ist. Sprechen Sie mit dem Tier so, wie Sie es mit einem Haustier oder einem anderen Tier machen würden. Ich würde ihn vielleicht mit »Hansi« ansprechen und fragen, ob er gerne ein Stück Hirsekolben oder einen Apfel haben möchte. Füllen Sie nun die Situation mit Bewegungen des Tieres und mit seinen Lauten. Der Wellensittich würde seine typischen schnäbelnden Geräusche abgeben und dazu vielleicht immer in seiner knarzenden Stimme sagen: »Telefon, Telefon«. Geben Sie Ihrem Tier den Aus-

druck von Lebendigkeit und Freude, und wenn Sie wollen, dass es sich im Haus, am Hof oder in der Landschaft bewegen soll, stellen Sie es sich so vor. Mein Vogel würde sicher von meinem Finger auf den Baum im Hof fliegen und mit den Spatzen auf dem Boden zum Körnerfressen herumhüpfen. Er würde sich an dem Wäschestrick kopfüber herablassen und dabei keckern. Wenn ich Hansi locken würde, würde er sicher auf meinen Finger zurückkehren.
Gehen Sie so vor, als gäben Sie dem folgsamen Tier als Regisseur eines Tierfilmes Ihre Anweisungen. Dann flöge der blaue Wellensittich auf die Schulter des gerade ankommenden Briefträgers und hinterließe auf dessen Schulter ein kleines Vogelmalheur, während er sein »Telefon«-Geschrei erneut anstimmte.
Gehe ich auf meiner Sonnenliege solchen Gedanken nach und habe die Augen geschlossen, kann ich sicher sein, dass binnen kurzem unser Kater mit Anlauf auf meinen Bauch springt, mit den Pfoten zu treten beginnt und mir mit seiner Zunge die Nase ableckt. Und dabei sehe ich genau, wie sein Appetit auf Wellensittiche steigt.

Übung: Imagination

Dauer:	20 bis 30 Minuten
Wiederholungen:	häufig
Ort:	geschützter Raum oder in der Natur
Begleitung:	wünschenswert, für Gruppenarbeit geeignet, mit Begleitung können Sie sich die Imagination protokollieren lassen.
Hilfsmittel:	Rassel, Trommel, CD, Reisetagebuch

Schließen Sie die Augen, um auf Ihre inneren Bilder und Wahrnehmungen gut eingehen zu können. Sprechen Sie zu Ihrem Körper:

- Ich atme ruhig ein und aus.
- Es atmet mich.
- Mein Körper ist angenehm schwer.
- Mein Kopf bleibt kühl, leicht und frei.
- Gedanken kommen und gehen.

Wählen Sie eines der Tiere aus der Liste der wichtigsten Tiere Ihrer Kindheit aus (Seite19 ff.).

- Hauchen Sie Ihrem Tier Leben ein, und lassen Sie es sich bewegen.
- Geben Sie Ihrem Tier einen Namen, und sprechen Sie es damit an.
- Sagen Sie dem Tier Ihren eigenen Namen.
- Fragen Sie in Ihrer Vorstellung das Tier, wohin und wie es sich bewegen und was es fressen möchte.
- Schmücken Sie die Umgebung und all das, was Ihr Tier tut, aus. Seien Sie selbst Regisseur bzw. Regisseurin der Ereignisse.
- Begleiten Sie Ihr Tier bei allen Aktivitäten.
- Bevor Sie in die Realität zurückkehren, bedanken Sie sich bei dem Tier und Ihrer Imagination.
- Kehren Sie am Ende der Reise wieder an den Ausgangspunkt zurück.
- Unterstützen Sie die Rückkehr, indem Sie dreimal auf den Boden oder einen festen Gegenstand klopfen. *Wenden Sie diese Regel bei jeder Krafttierreise an!*
- Schreiben Sie den Ausflug in Ihr Reisetagebuch.

Verselbständigte Imagination

Manchmal sind die Imaginationen so deutlich und erscheinen so wirklich, dass sie, obwohl wir sie bewusst erfunden und erzeugt haben, ein Eigenleben beginnen und sich von unserer Eigenregie entfernen. Wir zweifeln dann an unserer Fantasie und wollen dem, was uns da entgegenkommt, entfliehen oder gar wieder in die streng vorgefasste Vorstellung zurückkehren, die wir von einer Krafttierreise haben. Lassen wir die auftauchende Imagination zu, so beginnt eine autonome Handlung. Sie unterscheidet sich von dem, was wir uns gewünscht und vorgestellt haben und ist oft weit entfernt von dem, was wir gerne gehabt hätten. Es gibt dabei dramatische Überraschungen und inhaltliche Verdrehungen. Sogar gänzlich unwahrscheinliche Abweichungen stellen sich ein.

Dies ist der Teil, der bei der Arbeit mit innerpsychischen Phänomenen zur Entdeckung von Fallen, eingegrabenen Verhaltensmustern, familiären Verflechtungen führt. Anfangs sind wir meist emotional überfordert von dem, was die Tiere in ihrem imaginierten Leben aus eigenem Antrieb tun. Dabei erweisen sie sich manchmal als herb und eigensinnig, als risikobereit oder neugierig, und wir folgen ihnen dabei. Je leichter Sie sich dafür entscheiden und je bereitwilliger Sie ihnen folgen, umso heilsamer sind die Krafttierreisen. Die Krafttiere gehen in der verselbständigten Imagination

manchmal in Kontakt zu andern Wesen, Tieren, Menschen. Unsere imaginierten Tiere erschaffen sich sozusagen selbst in einer erweiterten Funktion der Krafttierreisen.
Wenn wir erleben, dass die Arbeit mit dem Krafttier zu einem beidseitigen und freien Verkehr zwischen Mensch und Tier führt, sind wir nahe an der Grenze der schamanischen Wahrnehmung. Hier in der Imagination haben wir das Übungsfeld dazu. So kann es sein, dass mein Wellensittich davonfliegen will und in der Vorstellung erst nach Tagen wieder auftaucht. Er lässt mich alleine, ob ich will oder nicht. Es könnte sein, dass er in Begleitung eines weiteren Sittichs zurückkommt oder dass er Freude hat, in einem Schwarm anderer Vögel mitzufliegen. Die Schwingen oder die Federn könnten eine andere Farbe annehmen, und trotzdem bleibt es derselbe Vogel. Ich will den Vogel wieder mit einem Leckerbissen anlocken oder durch mein Rufen zur Rückkehr bewegen. Vielleicht fahre ich mit dem Fahrrad am Flussdamm entlang; er taucht auf und begleitet mich, fliegt vor mir um meinen Kopf herum, und wir beide haben Spaß am gegenseitigen spielerischen Jagen.
Sie können Ihre erweiterte Imagination immer wieder zurückholen. Geben Sie dieser Möglichkeit spielerisch Raum zur Entfaltung. Sie werden überrascht sein, welche Bewegungen und Ereignisse sich auf der Reise entfalten, die Sie ansonsten aus persönlicher Abneigung zurückweisen würden. Manche Erlebnisse würden Sie gar nicht für möglich

halten. Ihr Krafttier gibt Ihnen das Recht dazu, so aufzutreten. Es kann aber auch geschehen, dass Ihr Wellensittich eine halbe Stunde nur an Salat knabbert oder badet und sonst nichts für Sie Aufregendes geschieht.

Übung: Verselbständigte Imagination

Dauer:	20 bis 30 Minuten
Wiederholungen:	wünschenswert, häufig
Ort:	geschützter Raum oder in der Natur
Begleitung:	wünschenswert, für Gruppen geeignet, mit Begleitung können Sie sich die verselbständigte Imagination protokollieren lassen.
Hilfsmittel:	Rassel, Trommel, CD, Reisetagebuch

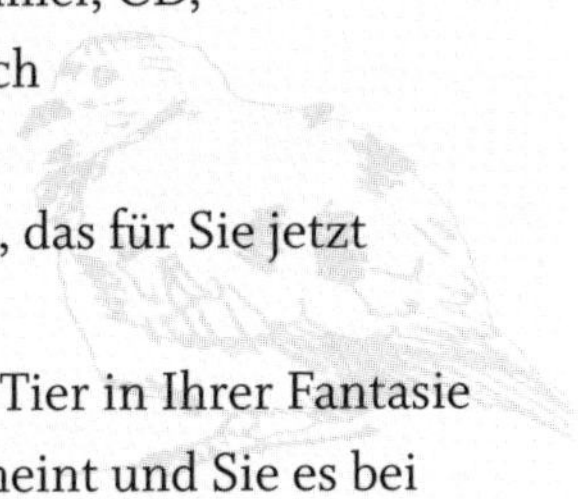

- Wählen Sie eines der Tiere, das für Sie jetzt schon eine Bedeutung hat.
- Bitten Sie darum, dass das Tier in Ihrer Fantasie oder Ihren Gedanken erscheint und Sie es bei seinen täglichen Verrichtungen begleiten dürfen.
- Beginnen Sie am besten wieder an dem Platz, an dem Sie Ihre erste Imagination begonnen haben.
- Dann sprechen Sie mit Ihrem Tier.

- Nur einem neuen Tier stellen Sie sich vor und sagen ihm, dass Sie es begleiten werden.
- Lassen Sie das Tier seinem eigenen Trieb folgen.
- Geben Sie Ihrem Tier ein Signal, wenn Sie zurückmöchten.
- Bedanken Sie sich bei dem Tier.
- Wenn diese Imagination für Sie stimmig war, sagen Sie Ihrem Tier, dass Sie ihm wieder begegnen möchten.
- Klopfen Sie dreimal bei der Rückkehr auf den Boden oder einen festen Gegenstand.
- Was auch immer Sie in dieser Reise wahrgenommen haben, lassen Sie es jetzt dabei bewenden.
- Tragen Sie das Erlebte in Ihr Reisetagebuch ein.

Delfinatmung

Delfine gehören zu den schwimmenden Säugetieren. Da sie beim Schwimmen ständig Atemluft benötigen, müssen sie das Schlafen und die Bewegung des Schwimmens und Atmens koordinieren. Daher sind sie in der Lage, jeweils eine Gehirnhälfte fürs Wachen, Schwimmen und Atmen zu gebrauchen und die andere Hälfte für das Schlafen stillzulegen. Wir benützen eine Atmung, die die Gehirnhälften abwechselnd zwar nicht vollständig stilllegt, aber eine leichte Beruhigung der Tagesleistung des Gehirns hervorruft. Bei dieser Übung verbinden wir uns mit dem Wissen unserer Datenbahn über den Delfinzustand.

Die meisten Menschen halten Delfine für einzigartig liebevolle und intelligente Wesen und nehmen deshalb gerne mit ihnen Kontakt auf. Andererseits ist es wichtig zu wissen, dass wir durch die veränderten Bewusstseinsbedingungen auch Fähigkeiten für andere Wahrnehmungen schaffen. Wenn wir die linke oder rechte Gehirnhälfte für eine kurze Zeit beruhigen – lange können wir das nicht –, erleben wir in diesem Zustand eine andere Wahrnehmung der Welt. Wir nutzen diesen Zustand, um in Kontakt mit dem Krafttier zu kommen. Dies ermöglicht uns einen Zugang zu ergreifenden Erlebnissen und erstaunlichen Mitteilungen.

Atmen wie ein Delfin

Im Folgenden stelle ich vier Übungen der Delfinatmung vor.

Dauer:	insgesamt 30 Minuten
Wiederholungen:	wünschenswert, jede der vier Delfinatmungen kann auch einzeln durchgeführt werden
Ort:	geschützter Raum oder in der Natur
Begleitung:	wünschenswert, für Gruppen geeignet
Leitung:	wünschenswert
Hilfsmittel:	Rassel, Trommel, CD

Wenn Sie wie ein Delfin atmen und dabei durch die folgenden Übungen die Gehirnhälften unterschiedlich beschäftigen, dann haben Sie die Möglichkeit, aus dem gewohnten Denken auszusteigen und die Lateralisierung – dass für bestimmte Dinge die linke Gehirnhälfte zuständig ist und für andere Dinge die rechte –, die Sie sich zur Gewohnheit gemacht haben, für kurze Zeit und unvollständig aufzuheben.

Dadurch gewinnen Sie in der Zeit der Delfinatmung einen anderen Zugang zu Tieren und zum tierischen Anteil Ihrer Erinnerungen. Sie können in den Tiersequenzen dieser

Übungen Delfine einsetzen, aber Sie haben auch für jedes andere Tier Raum zur Vorstellung. Bei den folgenden Übungen ist es wichtig, dass Sie sich für die Tiere und die Zahlen Bilder bzw. geschriebene oder gedruckte Zahlen vorstellen. Sie können sich dabei mit Erinnerungen an Fotos, Druckvorlagen und Zeitungsausschnitte behelfen.

Übung: Delfinatmung 1

Bei dieser Übung liegt die Betonung auf der *Ausatmung*. Insgesamt atmen Sie 60-mal ein und aus.

- Schließen Sie die Augen.
- Zählen Sie jeweils beim Ausatmen von 1 bis 60: Sie zählen beim ersten Ausatmen 1, beim zweiten Ausatmen 2, bis Sie 60-mal ausgeatmet haben. Stellen Sie sich dabei die Zahlen genau bildhaft vor!
- Stellen Sie sich beim Einatmen jeweils ein Tier Ihrer Wahl vor. Es kann immer dasselbe oder bei jeder Einatmung ein anderes Tier sein. Sie müssen sich dabei weder an eine Reihenfolge halten noch irgendetwas mit diesen Tieren tun.
- Wenn Sie auf diese Art 60-mal geatmet haben, fühlen Sie Ihren Körper und beobachten Sie Ihren psychischen Zustand.

Übung: Delfinatmung II

Bei dieser Übung liegt die Betonung auf der *Einatmung*. Sie atmen 60-mal ein und aus.

- Zählen Sie jeweils beim Einatmen von 1 bis 60. Sie zählen beim ersten Einatmen 1, beim zweiten Einatmen 2, bis Sie 60-mal eingeatmet haben. Stellen Sie sich dabei die Zahlen genau bildhaft vor!
- Beim Ausatmen stellen Sie sich ein Tier Ihrer Wahl vor. Es kann immer dasselbe oder bei jeder Ausatmung ein anderes Tier sein. Sie müssen sich dabei weder an eine Reihenfolge halten, noch irgendetwas mit diesen Tieren tun.
- Wenn Sie auf diese Art 60-mal geatmet haben, fühlen Sie Ihren Körper und beobachten Sie Ihren psychischen Zustand.

Übung: Delfinatmung III

Bei dieser Übung liegt die Betonung auf der *Atempause*. Um die ganze Kraft der abwechselnd stillgelegten Gehirnhälften zu genießen und in diesen ungewohnten Zustand zu kommen, wiederholen Sie die Delfinatmung hier noch einmal auf andere Art und Weise. Sie atmen 60-mal ein und aus.

- Schließen Sie die Augen.
- Zählen Sie jeweils beim Ein- und beim Ausatmen von 1 bis 60. Sie zählen beim ersten Einatmen 1, beim ersten Ausatmen 1, beim zweiten Einatmen 2, beim zweiten Ausatmen 2, bis Sie 60-mal bewusst ein- und ausgeatmet haben und die 60 Atempausen eingehalten haben. Stellen Sie sich dabei immer die Zahlen genau bildhaft vor!
- Stellen Sie sich in den Atempausen zwischen Ein- und Ausatmung und zwischen Aus- und Einatmung ein Tier Ihrer Wahl möglichst genau vor. Es kann immer dasselbe oder jedes Mal ein anderes Tier sein. Sie müssen sich dabei weder an eine Reihenfolge halten, noch irgendetwas mit diesen Tieren tun.
- Wenn Sie auf diese Art 60-mal geatmet haben, fühlen Sie Ihren Körper und beobachten Sie Ihren psychischen Zustand.

Übung: Delfinatmung IV

Bei dieser Übung liegt die Betonung auf *beiden Atempausen*, also nach dem Ein- und nach dem Ausatmen. Sie atmen 60-mal ein und aus. Wollen Sie den delfinischen Zustand noch einmal auf andere Art in Ihrem Körper erfahren, dann folgen Sie dieser Anleitung:

- Schließen Sie die Augen.
- Stellen Sie sich in den Atempausen zwischen Ein- und Ausatmung und zwischen Aus- und Einatmung die Zahlen von 1 bis 60 vor. Sie zählen bei den Atempausen zwischen Ein- und Ausatmen 1, zwischen Aus- und Einatmen 1, zwischen Ein- und Ausatmen 2, zwischen Aus- und Einatmen 2, bis Sie 60-mal bewusst die beiden Atempausen gezählt und eingehalten haben.
- Stellen Sie sich jeweils beim Einatmen und beim Ausatmen ein Tier vor. Es kann immer dasselbe oder jedes Mal ein anderes Tier sein. Sie müssen sich dabei weder an eine Reihenfolge halten, noch irgendetwas mit diesen Tieren tun.
- Wenn Sie auf diese Art 60-mal geatmet haben, fühlen Sie Ihren Körper und beobachten Sie Ihren psychischen Zustand.

Die Delfinatmung ist eine gute Vorbereitung für die Krafttierreisen und die Trancen, denn es bedarf Ihrerseits der Bereitschaft, die Stimmen in Ihrem Kopf und die Verstandesinstanzen immer wieder für kurze Zeit abzustellen, um Verbindung mit den Tieren aufzunehmen. Die abwechselnde Verringerung der Gehirnaktivitäten der linken und rechten Gehirnhälfte durch Ihre ausschließliche Beschäftigung mit abstrakten Zahlen oder Tierbildern hilft Ihnen, die sonstigen Gehirnaktivitäten für die Zeit von etwa drei bis fünf Minuten zurückzunehmen.

Den Körper erforschen

Erinnerungen, Lebenskrisen und Traumen hält der Mensch in der Muskulatur, den Organen und den Knochen fest. Gleichzeitig besteht eine Erinnerung an die Entwicklung der Tierarten und -gestalten, und auch sie hat unseren Körper geformt. Das alles lässt sich durch Krafttierreisen im Körper wiederbeleben. Dabei stoßen Sie mit der Imagination in den Bereich der substanziellen Wirklichkeit vor und entdecken eine Essenz der Krafttiere in Ihrem Körper. Sie werden bei dieser Entdeckungsreise auch körperliche Reaktionen erfahren. Mit Ihrer Aufmerksamkeit können Sie Emotionen, Gefühle und Körperempfindungen wie eng oder weit, kalt oder warm, angenehm oder unangenehm, entspannend oder angespannt bis zu sehr differenzierten und nuancenreichen physiologischen Abläufen wahrnehmen. Sie erleben dabei eine Befreiung von körpergebundenen Energien, die Sie bisher nicht kannten.

Übung: Körperwahrnehmung und Krafttier

Dauer:	20 bis 30 Minuten
Ort:	geschützter Raum oder in der Natur
Begleitung:	wünschenswert, für Gruppen geeignet
Leitung:	wünschenswert, auch zum Protokollieren der Reise
Hilfsmittel:	Rassel, Trommel, CD, Reisetagebuch

Bei der Reise in den Körper geben Sie sich selbst unterschiedliche Impulse von Aufmerksamkeit und Loslassen. Dabei haben Sie die Möglichkeit, sich zu entspannen oder auch nicht, wie in der Übung zur Tiefenentspannung.

Gleichzeitig steht Ihnen ein Erfahrungsraum zur Verfügung, der es Ihnen ermöglicht, Spannungszustände Ihres Körpers über ein imaginiertes, gefühltes, gesehenes oder als substanziell erlebtes Tier durch körperliche Reaktionen wie kribbeln, zittern, strampeln,

mit den Beinen stoßen oder mit den Händen schlagen abzubauen.
Bitte sorgen Sie dafür, dass Sie eine weiche Unterlage unter den Fersen und ausgestreckten Händen haben, damit Sie auftretende Bewegungen und Energien ableiten können.

- Sie liegen auf einer weichen Unterlage.
- Sprechen Sie laut oder leise, oder lassen Sie sich die Anweisung von einer Begleitperson vorlesen.
- Sprechen Sie während des Prozesses laut über das, was Sie vorfinden. Ihre Begleitung kann dann den Inhalt sofort in Ihr Reisetagebuch protokollieren.
- Atmen Sie für sich hörbar ein und aus.
- Behalten Sie diese tiefe Atmung bei, wenn Sie sich entspannen oder auch nicht.

Jedes Ihrer Körperorgane kann Imaginationen, Gefühle oder Töne, Bilder und Wahrnehmungen eines Tieres vermitteln. Es kann immer dasselbe Tier sein, es kann sich mit anderen abwechseln, oder Sie können auch Körperwahrnehmungen ohne Tierkontakt haben. Das alles ist gleich wertvoll.

- Wenn Sie etwas bemerken, sprechen Sie es laut aus.
- Meine Füße sind entspannt oder auch nicht, und ich spüre die Wahrnehmung eines Tieres oder auch nicht. Dann spüre ich, sehe ich, höre ich, rieche ich … (bitte das Entsprechende ergänzen).

Wenn Sie irgendwelche Energien und Spannungen im Körper spüren, geben Sie den Bewegungsimpulsen nach, und lassen Sie Ihren Körper zittern, sich schütteln, strampeln.

- Meine Muskeln, Sehnen und Gefäße entspannen sich oder auch nicht, und ich spüre die Wahrnehmung eines Tieres.
- Meine Waden entspannen sich oder auch nicht, und ich spüre die Wahrnehmung eines Tieres.
- Meine Oberschenkel entspannen sich oder auch nicht, und ich spüre die Wahrnehmung eines Tieres.
- Fahren Sie so fort, und setzen Sie dabei jeweils folgende Körperteile ein: Gesäß, Lendenwirbel, Brustwirbel, Halswirbel, Rücken, Schultern, Oberarme, Unterarme, Hände, Hals, Kopf.

Wenn Sie diese Einführung durchgesprochen und gefühlt haben, dann sind Sie wahrscheinlich bereits in einem Zustand, der die Nähe zu den Krafttieren unterstützt.

- Sollten Sie für dieses Gefühl etwas Ruhe brauchen, ergänzen Sie: Ich atme ruhig ein und aus, und die freigewordene Energie in meinem Körper verteilt sich optimal.
- Ich bin ganz ruhig und ausgeglichen, einschließlich meiner Aufregung über die Entdeckungen, die ich gemacht habe.
- Bitten Sie das Tier, an das Sie sich erinnern bzw. das Ihr Helfer protokolliert hat, sich mit Ihnen über diesen Bereich Ihres Körpers auszutauschen.
- Das Tier kann Ihrer Einladung folgen oder auch nicht.
- Wenn Sie das Gefühl haben, es ist genug oder Sie werden ungeduldig, dann kommen Sie langsam zurück.
- Atmen Sie zehnmal tief aus und ein. Zählen Sie dabei rückwärts von zehn bis eins. Wenn Sie bei eins angekommen sind, klopfen Sie dreimal auf den Boden.

- Bleiben Sie noch ein paar Minuten sitzen oder liegen, sodass sich Blutdruck – meist wird er während der Übung niedriger – und Puls normalisieren können.

Wenn Sie die Reise alleine gemacht haben, schreiben Sie in Ihr Reisetagebuch, was Ihnen begegnet ist. Wenn Sie einen Begleiter hatten, lassen Sie sich das Protokoll von ihm am Ende vorlesen.

Organe und Hormondrüsen

Sie wissen, dass Ihre Körperorgane eine für Sie lebenswichtige Funktion haben und diese zu würdigen sind. Es gibt Tiere, deren Organe besonders ausgeprägt sind und die für besondere Leistungen entwickelt wurden. Diese können Ihnen Kraft und Gesundheit in bestimmten Bereichen zuführen, wenn Sie irgendwo geschwächt sind. Gesunde Organe lassen sich durch die Krafttierreisen sehr gut ansprechen und geben Ihnen die Möglichkeit, die Organe in ihren normalen, gesunden Funktionen zu unterstützen. Legen Sie bei der Zuordnung von Krafttieren zu den Organen Ihre Hand auf die entsprechenden Körperstellen. Erschaffen Sie eine zusätzliche Dimension heilender Beziehung.

Übung: Organe

Dauer: 20 bis 30 Minuten
Ort: geschützter Raum oder in der Natur
Begleitung: wünschenswert, für Gruppen geeignet
Leitung: wünschenswert, lassen Sie sich die Reise protokollieren
Hilfsmittel: Rassel, Trommel, CD

- Sie liegen auf einer weichen Unterlage.
- Atmen Sie tief ein und aus.
- Atmen Sie hörbar ein und aus.

Lassen Sie sich die Anweisungen von Ihrer Begleitperson vorlesen, sofern Sie einen Helfer gewählt haben.

- Sprechen Sie während des Prozesses laut über das, was Sie vorfinden, auch dann, wenn Sie diese Übung alleine machen.
- Behalten Sie die tiefe Atmung bei, während Sie sich entspannen.

Jedes Ihrer Körperorgane kann Imaginationen, Gefühle oder Töne, Bilder und Wahrnehmungen eines Tieres vermitteln. Es kann dasselbe Tier sein wie bei einer anderen Reise. Es wird in den meisten Fällen mit anderen abwechseln, oder Sie können auch Körperwahrnehmungen ohne Tierkontakt haben. Das alles ist gleich wertvoll. Mitunter finden Sie auch ein anderes Wesen oder ein Symbol. Nehmen Sie das bitte auch als Geschenk an.

- Berühren Sie sich am Sitz Ihrer Organe, mit der Hand, während Sie sie nacheinander ansprechen.
- Sprechen Sie mit Ihren Organen und folgen Sie von oben nach unten der Reihenfolge der Anleitung. Sollten Sie selbst alle Ihre Organe gut kennen, gehen Sie in Ihrer eigenen Reihenfolge vor.
- Beginnen Sie mit dem Gehirn.
- Sprechen Sie das Gehirn an, und berühren Sie Ihren Kopf.
- Bitten Sie das Krafttier zu erscheinen, das Ihrem Gehirn zugeordnet ist.
- Begrüßen Sie Ihr Tier, und bitten Sie es, Sie über Ihr Gehirn zu informieren und es in seiner Gesundheit zu unterstützen oder zu heilen. Sie können Ihr Tier fragen, was ihm und dem ent-

sprechenden Organ, in diesem Fall dem Gehirn, guttäte.

- Sollte kein Tier auftauchen, sondern ein anderes Lebewesen, ein Symbol oder ein Gedanke, nehmen Sie das an.
- Danken Sie Ihrem Gehirn für die Leistungen, die es erbracht hat und erbringt.
- Folgen Sie der Anleitung weiter durch den Körper: Augen, Ohren, Nase, Mund, Kiefer, Kehlkopf, Lunge, Herz, Speiseröhre, Magen, Darm mit Zwölffingerdarm, Dünndarm, Dickdarm und Mastdarm, Nieren, Leber, Milz, Blase, Eierstöcke und Gebärmutter bei Frauen, Hoden und Prostata bei Männern.
- Sie werden vielleicht für manche Organe dieselben Tiere wahrnehmen, für andere keine. Bleiben Sie ganz ruhig, es ist völlig in Ordnung, und Sie können diese Reise erneut durchführen.
- Atmen Sie am Ende der Reise zehnmal ein und aus, und zählen Sie dabei rückwärts von zehn bis eins.
- Wenn Sie bei eins angekommen sind, klopfen Sie dreimal auf den Boden und kehren damit wieder ganz zurück.

Übung: Hormonkaskade

Dauer: 20 bis 30 Minuten,
Ort: geschützter Raum oder in der Natur
Begleitung: wünschenswert, für Gruppen geeignet
Leitung: wünschenswert, lassen Sie sich die Reise protokollieren
Hilfsmittel: Rassel, Trommel, CD

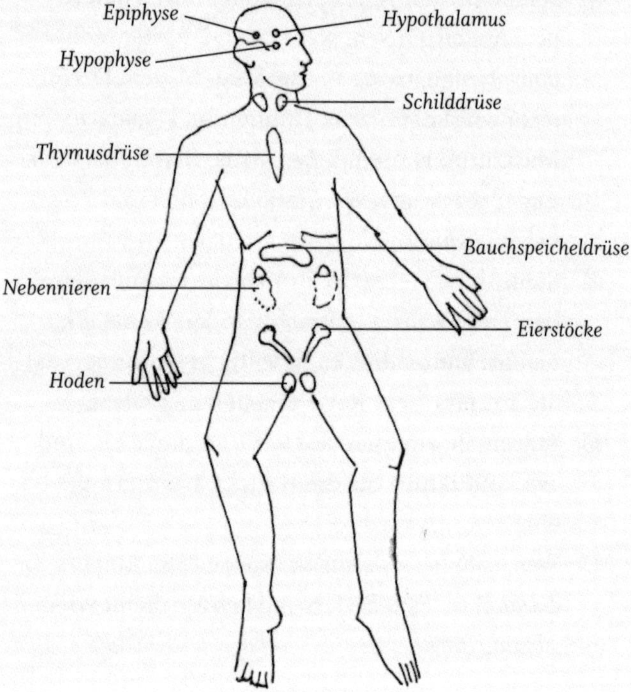

Die Hormondrüsen im menschlichen Körper

Hypothalamus: Vegetative Körperregulation, Sexualverhalten, Nahrungs- und Wasseraufnahme, Herzrhythmik und Schlaf.

Hypophyse (Hirnanhangdrüse): Regulation des neuroendokrinen Systems. Schilddrüsenstimulierung und Geschlechtshormone.

Epiphyse (Zirbeldrüse): nächtliche Melatoninausschüttung für den Schlaf.

Schilddrüse: Jodausschüttung, Energiestoffwechsel, Knochenaufbau.

Thymusdrüse: sympathisches System, Abwehrmechanismus. Bei Stress verkleinert sie sich.

Bauchspeicheldrüse: Verdauungsenzyme für Eiweiß, Kohlenhydrate, Fette.

Nebennieren: Wasser-, Mineral-, Zuckerhaushalt, Adrenalin, Steroide.

Eierstöcke: Produktion von Eizellen und weiblichen Geschlechtshormonen.

Hoden: Produktion von Samen und Testosteron.

Denken Sie daran, weder sich, Ihre Helfer noch die Tiere zu überfordern. Es bedarf eines guten Maßes an Konzentration und Hingabe, wenn Sie erfolgreich arbeiten wollen.

- Berühren Sie sich in der Nähe Ihrer Hormondrüsen mit der Hand, während Sie sie nacheinander ansprechen.
- Sprechen Sie mit Ihren Hormondrüsen, und folgen Sie von oben nach unten der Reihenfolge der Anleitung. Sollten Sie selbst alle Ihre Drüsen gut kennen, wissen Sie, wo Sie die Hände hinlegen müssen. Andernfalls orientieren Sie sich an der Abbildung.
- Beginnen Sie mit dem Hypothalamus.
- Sprechen Sie den Hypothalamus an, und berühren Sie Ihren Kopf seitlich über den Ohren.
- Bitten Sie das Krafttier zu erscheinen, das Ihrem Hypothalamus zugeordnet ist.
- Begrüßen Sie Ihr Tier, und bitten Sie es, Sie über Ihren Hypothalamus zu informieren und in seiner Gesundheit zu unterstützen oder ihn zu heilen. Sie können Ihr Tier fragen, was ihm guttäte.
- Verfahren Sie ebenso wie mit dem Hypothalamus mit den anderen Hormondrüsen im Kopf: Hypophyse und Epiphyse,
- dann mit der Schilddrüse im Hals,
- mit der Thymusdrüse hinter dem Brustbein,

- mit der Bauchspeicheldrüse hinter dem Magen,
- mit den Nebennieren an den Nieren,
- mit den Ovarien, wenn Sie eine Frau sind, und mit den Testikeln, wenn Sie ein Mann sind, am Unterleib.
- Vielleicht werden Sie für manche Hormondrüsen dieselben Tiere wahrnehmen oder für andere gar keine. Bleiben Sie ganz ruhig. Es ist völlig in Ordnung. Sie können diese Reise ein anderes Mal wieder durchführen.
- Atmen Sie am Ende der Reise zu den Hormondrüsen zehnmal ein und aus, und zählen Sie dabei rückwärts von zehn bis eins. Wenn Sie bei eins angekommen sind, klopfen Sie dreimal auf den Boden und kehren damit wieder ganz zurück.

Energiezonen

Die in der indischen Philosophie als Chakras bezeichneten Energiezentren wurden von dem amerikanischen Psychologen Eligio Stephen Gallegos in die schamanische Arbeit mit einbezogen. Er hat daraus den Totempfahl-Prozess entwickelt (*Indianisches Chakra-Heilen*, Erd Verlag).
Einen alten deutschen Totempfahl stellt übrigens die bekannte Truppe der Bremer Stadtmusikanten dar, die oft

aufeinander stehend abgebildet sind: Esel, Hund, Katze und Hahn.

Die Energiezonen, die wir im schamanischen Prozess als substanziellen Teil der inneren Welten betrachten und die nicht identisch mit den Chakras sind, aber an denselben Stellen des Körpers lokalisiert werden, drücken die Essenz der Wesen, Energiewesen und ihrer Tiere aus. Es gibt in unserem Körper eine sogenannte Leere. Diese Leere zwischen der Substanz, der Materie, enthält essenzielle, nicht materielle Energien und Informationen mit denen verschiedene spirituelle und heilende Systeme umgehen. Da diese Essenz unendlich groß erscheint und mit der gesamten Schöpfungsstruktur verbunden ist, haben sich Philosophie- und Heilsysteme Teile der Gesamtheit herausgefiltert und den Umgang mit diesen Essenzen trainiert, um im Rahmen ihrer Möglichkeiten darin wirksam zu sein.

Wir machen bei der schamanischen Arbeit den Unterschied zum Chakrasystem, dass wir erstens den Damm als Energiezone der Sexualität einsetzen und den Nabel für die Lebenskraft und die Verbindung mit den Ahnen benützen. Der Solarplexus entspricht dann wieder dem Solarplexus-Chakra. Die Energiezonen werden sieben der zwölf astrologischen Tierkreiszeichen zugeordnet.

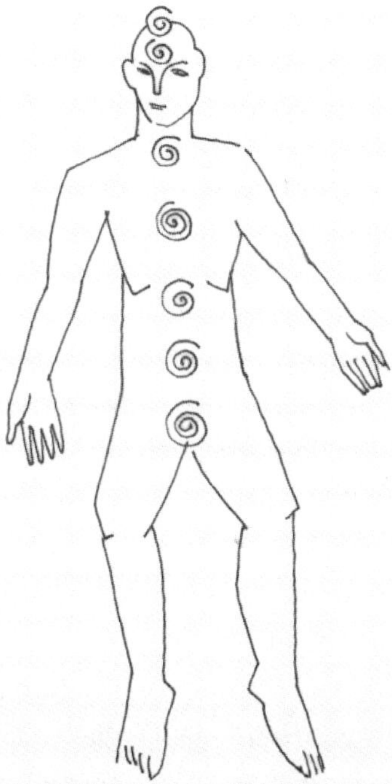

Übung: Einzelne Energiezonen und ihre Krafttiere

Dauer:	30 bis 45 Minuten
Ort:	geschützter Raum oder in der Natur
Begleitung:	wünschenswert, für Gruppen geeignet
Leitung:	wünschenswert, lassen Sie sich die Reise protokollieren
Hilfsmittel:	Rassel, Trommel, CD

Wenn Sie aus einem anderen Zusammenhang mit Chakras vertraut sind, können Sie auch mit den Ihnen bekannten Chakras arbeiten.

- Setzen oder legen Sie sich hin.
- Atmen Sie ruhig ein und aus.
- Drücken Sie deutlich aus, dass Sie Ihrem Krafttier für eine Energiezone begegnen möchten.
- Beschränken Sie sich vorerst auf ein Tier, und folgen Sie Ihrem Gefühl, welche Energiezone Sie besuchen wollen.
- Bitten Sie darum, dass Ihnen das zur Energiezone passende Krafttier erscheint.
- Wenn Ihnen ein Tier erscheint, kann es Ihnen bereits bekannt oder noch unbekannt sein.
- Sprechen Sie mit dem Tier und stellen Sie fest, ob Sie mit ihm schon in Berührung gekommen oder auf Reisen gegangen sind.
- Fragen Sie, welches Alter und Geschlecht es hat und ob es mit Krafttieren anderer Menschen verbunden ist. Bitten Sie das Tier, dass es mit Ihnen auf eine Reise durch den körperlichen, psychischen und seelischen Raum Ihrer sieben Energiezonen wandert.

- Lassen Sie sich und dem Tier Zeit bei der Entwicklung dieser Krafttierreise.
- Bitten Sie um den Ausgleich des Energiehaushaltes der betreffenden Energiezone, und fragen Sie nach, was Sie tun können, um dort in eine angemessene Harmonie oder Kraft zu kommen bzw. darin zu bleiben.
- Bedanken Sie sich, und fordern Sie Ihr Tier auf, weiter mit Ihnen in diesem Raum, der weit über Ihren Körper hinausgeht, zu reisen.
- Wenn Sie oder Ihr Krafttier müde oder mit der Reise zu Ende sind, verabschieden Sie sich von ihm, und sagen Sie ihm, dass Sie zurückkehren werden.
- Sagen Sie dem Tier, dass Sie mit den anderen Energiezonen ebenso verfahren werden.
- Schreiben Sie die Erlebnisse in Ihr Krafttierreisebuch.

Sie werden in einer beliebigen Reihenfolge Ihre Krafttiere entwickeln, und es kann sein, dass diese Energiezonen von den vorgegebenen Tieren eingenommen werden oder dass andere Tiere diese ersetzen. Mit Hilfe der sieben Reisen können Sie in Ihrer Persönlichkeitsentwicklung voranschreiten. Ich nenne das, was dort mit Ihnen passiert, die substanzielle Verkörperung Ihrer tierischen Essenz. Substanziell ist die Erfahrung einer körperlichen Wirklichkeit der Tiere an den nicht materiellen Energiezonen. Diese stellt sich oft schon bei den ersten Reisen ein, kann aber unterschiedlich intensiv an den sieben Energiezonen auftreten. Das heißt, dass die substanzielle Erfahrung vielleicht in der dritten Energiezone beim ersten Reisen ganz deutlich und prägend ist und bei der Zone sechs erst nach vielen Versuchen zu dieser durchschlagenden Erfahrung wird. In den Visionen entwerfen Sie Landschaften und Räume, mit den körperlichen Erfahrungen erzeugen Sie Gefühle, und die substanziellen Wirkungen führen zu unmittelbaren Erschütterungen, leidenschaftlichen Tränen und »unstillbarem« Gelächter.

Kopf, Scheitel: Widder, Element Feuer

Der Kopf mit seiner Entfaltung von universalem Erleben, Einssein und seinem Ego bietet wohl die größten und widerstreitendsten Emotionen und Gefühle neben dem Herzen. Hier kämpft der Widder gegen enge Grenzen und gegen Fremdeinflüsse und Herrschaft. Er befruchtet viele andere mit seinem geistigen und geschlechtlichen Samen und verteidigt sein Revier gegen Kräfte, die seine eigenen Spiegelungen sind. Bei geklärten Energien sprüht der Kopf wie ein Brunnen Feuerflammen, und die Wahrheit möchte in die Welt. Der Kopf ist dann leicht und kann gehoben werden, wo er sonst in seiner Beschränkung die Hörner senkt und fast nur den kurzen Bereich vor den eigenen Füßen sieht. Es öffnet sich die Idee, stellvertretend Opfer zu sein, wie der Widder bei Isaaks Opfer, oder die Kraft zur Hingabe, wie sie der Sündenbock hat, der in die Wüste geschickt wird. Nomadische Bewegung, Heimatlosigkeit aus eigenem Willen und Anpassung an die vorhandenen Ressourcen sind Thema des Widders und seiner Substanz. Der Widder ist für eine große Zahl an Schafen zuständig. Er muss sie schützen und verteidigen, und er muss für Nachwuchs sorgen. Dabei stehen die Wanderung über das Land und das Sich-Kümmern um Wasserstellen und Nahrung im Mittelpunkt. Erfahren Sie seine Essenz in der Kopfzone.

Drittes Auge, Stirnmitte: Steinbock, Ziegenfisch, Element Erde

Auf der Höhe der Einsamkeit, abgehoben durch die Intuition und die sicheren Tritte, die er auf seinem Weg zurücklegt, ist der Steinbock durch alles, was von oben kommt, gefährdet, da er ja gerade selbst den Aufstieg verfolgt. Durch die eigene Abgehobenheit sieht er nicht mehr, was über ihm ist. Die Höhen, in denen er sich befindet, sind tragfähig, aber er ist gleichzeitig an diese Höhe gebunden. Es gibt dort wenig bis keine Konkurrenz, und das macht einsam. Der Steinbock sieht andere, bevor er gesehen werden will. Die

Schroffheit, Kälte und karge Kost lässt die Substanz drahtig und fest werden. Sie kippt in Unduldsamkeit und Eigenbrötelei. Er kann in dieser fordernden Umgebung lernen, mit dieser Substanz umzugehen, und mit zunehmendem Alter eine Essenz der Weisheit daraus ziehen. Dorthin begeben Sie sich bei der Steinbockreise. Der Ziegenfisch – ein altes Symbol für den Steinbock – als Mischwesen gibt deutlich zu verstehen, dass die Kraft der Stirnmitte zwischen Durchsetzung und Anpassung vom harten Kampf bis zum weichen Fortbewegen gezeichnet ist.

Hals, Kehle: Stier, Element Erde

Die Substanz des Stieres ist hartnäckig, und es muss bei ihm alles durch diese Engstelle hindurch. Sie ist oft widerstandsfähig und verfestigt bis zur Selbstverwundung im Zusammenprall mit anderen Kräften, die seine Möglichkeiten, alles zu schlucken, verhindern oder herausfordern. So bleibt auch dem Stier viel im Hals stecken. Im Stierkampf werden ihm von den Picadores und den Banderilleros Verwundungen im Nacken beigebracht, womit diese ihn provozieren, seine Angriffslust steigern und ihn schließlich schwächen. Gleichzeitig ist die Herausforderung des Stieres ein Kampf der Erde mit der Sonne. Der Stier hat die Aufgabe, die Hervorhebung des weiblichen Anteils aus der seelischen Tiefe zu bewältigen, wie es beispielsweise dargestellt ist im

Auftauchen des Stieres mit der schönen Europa aus dem Meer.

Herz: Löwe, Element Feuer

Bei dieser Reise geht es um den Mut, sein Herz zu zeigen und es groß und weit zu machen. Der Löwe steht an der Spitze der Nahrungspyramide und ist damit das Symbol dafür, das Feuer des Herzens über alles andere zu setzen. Auch wenn sich die Affen höher im Baum bewegen, kann niemand dem Löwen den Rang streitig machen. Bei der Reise mit dem Löwen ist man geschützt durch seine Kraft und zugleich gefährdet, da bei der Öffnung des Herzens etwas zutage kommen kann, was einen das Fürchten lehrt. Er ist von kämpferischer Natur, und gleichzeitig ist er mit seiner ruhigen, bisweilen phlegmatischen Art nur zu bewegen, wenn er Nahrung braucht oder Sex. Das Herz hat die Qualität, nur für eine Person zu schlagen, außer für die kurze Zeit der Schwangerschaft, in der das Herz der Mutter auch für das Kind schlägt. So trägt der Löwe den Schmerz des Herzensbruchs auch ganz alleine. Hat er diese Verletzung überwunden, verlässt er sich wieder ganz auf seine ihm angeborene Souveränität.

Sonnengeflecht (Solarplexus): Krebs, Element Wasser

Im Sonnengeflecht zentrieren sich Intuition und schamanische Wahrnehmung. Das Vertrauen der Krebsqualität besteht darin, sich in den Zeiten des Wachstums aller alten Krusten zu entledigen und sie durch neue zu ersetzen, Verbindungen zwischen den Gliedern zu schaffen und in der Zwischenzeit dem Leben ungeschützt ausgesetzt zu sein. Tiefschläge sind für das Sonnengeflecht und den Krebs so stark, dass sie das ganze System in Mitleidenschaft ziehen. Die Natur des Krebses ist seine Abhängigkeit vom seelischen Geschehen. Deshalb versucht er, Gefahren aus dem Weg zu gehen, und klammert sich dabei besonders an das ihm Vertraute.

Nabel: Fische, Element Wasser

Der Fisch und die Nabelenergie erinnern an die Abhängigkeit von der Mutter und die neun Monate im Mutterleib. Darüber hinaus zeigt gerade die Energie des Nabels auch die Befreiung zur Individualität und Unabhängigkeit. Dieser Widerstreit wird durch die zwei Fische ausgedrückt, die im Kreis hintereinander herschwimmen. Die Energie des Fisches ist abhängig von seiner Umgebung und bedarf der Wärme oder der Kälte, um beweglich oder starr zu überleben. In der Krafttierbegegnung erscheint der Fisch, der die Wünsche erfüllt – man denke an das Grimsche Märchen *Vom Fischer und seiner Frau*. Seien Sie deshalb besonders rücksichtsvoll, damit er sich nicht ausgenutzt fühlt. Für seine positive Traumwelt, die manchmal fast naiv erscheint, müssen Sie etwas Aufmerksamkeit aufbringen.

Damm: Skorpion, Element Wasser
Die Zone der sexuellen Energie ist die Ausgangsbasis für unser Menschsein. Das Gift des Skorpions, das töten kann, nimmt in Kauf, dass der Tod zur Vermehrung und zur Geburt gehört. Manchmal fressen die Weibchen ihre Männer auf. Die weiblichen Skorpione sind höchst aggressiv in der Verteidigung ihrer lebend geborenen Jungen. Die sexuelle Energie wird zwar ständig gebraucht, wie der Stachel des Skorpions auch immer zu sehen ist, aber dennoch findet das geheime Leben des Skorpions nachts und unter Steinen und im Dunkeln statt. Die Intimität der Paarung und des Sex sind verdeckt. All die Geheimnisse, die diese Energiezone im Skorpion in sich verbindet, dienen auch der Steigerung des siebten Sinnes.

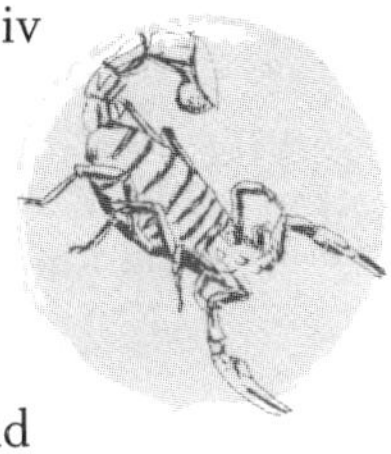

Energiezonen außerhalb des Körpers
Diese sieben Energiezonen gehören im Grunde der Mittelweltzone unseres materiellen Körpers und dem seelischen Aspekt des Körpers an. Sie haben drei Funktionsebenen. Es gibt die Basisenergie von Damm, Nabel und Solarplexus, die Energie der Mitte im Herzen und die Hals-, Stirn- und Scheitelenergie oben.
So wie sich diese Mittelwelt-Energiezonen in drei Ebenen einteilen, so gibt es auch drei Ebenen von Energiezonen. Die drei Welten des Schamanens, Unterwelt, Mittelwelt

und Oberwelt, werden später noch einmal genauer dargestellt.
Sie sollten allerdings wissen, dass sich für die Oberwelt und die Unterwelt weitere Ihnen zugehörige Energiezonen und Krafttiere außerhalb Ihres Körpers befinden. Es gibt die in der Erde unter Ihnen ausstrahlenden Energiezonen mit grabenden Tieren und die in den Himmel ausstrahlenden Energiezonen der fliegenden Wesen. Fortgeschritten können Sie sich diesen Energien später zusätzlich auf ähnliche Weise wie den sieben Hauptenergien des Körpers nähern.

Krafttierträume

Tierträume

In meinem Leben hatte ich eine Vielzahl von Tierträumen, und ich habe sie mir gemerkt. Skorpione, Krebse, Fische, Enten, Krokodile, Eisbären, Löwen, Mäuse, Adler, fliegende Echsen, Saurier, Affen und jede Menge Spinnen, Fliegen, Küchenschaben, Tausendfüßler und Tauben sind darin aufgetreten. Es wurde in diesen Träumen gekämpft, gefressen, versteckt, verfolgt, gepaart und geboren. Massen, Gruppen und Einzelwesen traten auf. Die Tiere traten auf als Verkörperung von menschlichen Gestalten, als Symbole für Situationen und als diese Tiere selbst. Sie standen für Gestalten der Weisheit, überbrachten Lehren und Wissen und warnten vor Menschen und bestimmten Zuständen. Sie begegneten mir auf Wanderungen am Tag und bei Reisen in der Nacht. In den Träumen waren sie mir willkommene Freunde, die mich unterstützten, Botschafter für wichtige Lebensphasen, denen ich meine Aufmerksamkeit widmete, und Feinde, vor denen ich mich zu hüten und zu schützen hatte. Ich selbst verwandelte mich in Tiere, die tauchen, laufen und fliegen konnten, und sah auf die jeweilige Umgebung aus der Frosch- genauso wie aus der Vogelperspektive. Blind, wie ich war, senkte ich auch meine Ohren und meine Nase tief in die Finsternis, die mich umgab. Die Tiere waren gesund und kräftig oder ausgezehrt und krank, verletzt und erschöpft, gejagt, benutzt oder frei. Wildtiere und Haustiere traten in meinen Träumen auf und wurden von Menschen aufgezogen und beschützt, begleitet oder misshandelt, sie wurden gefürchtet oder geliebt.

Diese ganze Bandbreite der Träume mit Tieren gehört in den Bereich der schamanischen Krafttierreisen. Mein koreanischer Freund Jun interpretierte einen gemeinsamen Traum von mir und meiner Frau über eine Kuh als Zeichen der Schwangerschaft meiner Frau und hatte damit genau den Kern der Sache getroffen.

Die schamanische Welt besteht im eigentlichen Sinne nur aus Träumen. Das Träumen ist die Fähigkeit Gottes, des Schamanen und des Menschen, etwas in die Welt zu bringen. Das Träumen ist die Imagination dessen, was wird, ist und war. Der Träumer erschafft eine Welt, lebt in ihr, verlässt sie und sucht sie beizeiten wieder auf. Das Erschaffene erhält in den Zeiten der Abwesenheit des Träumers eine eigene Geschichte, die bei der Rückkehr des Träumers von ihm teilweise fortgeschrieben wird. So geht es Gott, den Schamanen und den Menschen.

Die Welt selber ist durch einen Traum in die Welt gebracht worden. Sowohl die eigene Existenz als auch die kollektive Wirklichkeit und die universelle Schöpfung können Träume sein. Die schamanischen Welten, Ebenen und Zeiten sind traumbedingt. So ist auch jede Form von schamanischen Krafttierreisen ein Traum im Traum, ein Traum von der anderen Seite, ein Traum, der die Perspektive auf die Welt verändert. Daher ist in diesem Buch dem Traum so viel Raum gewidmet, da der Traum eine Form der schamanischen Reise darstellt.

Wir können unterscheiden, ob wir den Traum einfach geschenkt bekommen haben durch Funktionen des Selbst oder des himmlischen Doppelgängers, oder ob der Traum durch ein anderes Wesen zu uns gekommen ist oder durch Gott selbst. Für unsere Arbeit sind es die Träume, die wir selbst erzeugen wollen und für die wir uns vor dem Schlafen bereit machen und auf die wir uns ausrichten. Während und nach unseren Träumen entdecken wir ihre Bedeutung und Gefühlstiefe und wissen bei den einen, dass sie sich nur auf

das Tagesgeschehen beziehen. Bei anderen wachen wir mit der Sicherheit auf, an einem wirklich wichtigen Geschehen teilgenommen zu haben. Geschenkten Träumen sollten wir genauso achtsam begegnen wie den eigenen.
Die von uns angeregten und erzeugten Träume entwickeln – wie die verselbständigte Imagination – im fortlaufenden Prozess des Träumens ein Eigenleben. Wir beeinflussen dann je nach Bewusstheit des Traumes den Gang der Dinge, oder wir müssen uns dem Lauf der Geschehnisse hingeben. Es gibt Träume, die alle diese Ebenen verlassen und eher dem Erleben in der Trance gleichkommen. Manche Träume entsprechen der anderen Wirklichkeit und geben von der unsichtbaren Welt Zeugnis, die für uns für den kurzen Moment des Traumes aufleuchtet und meist schon am Morgen im Alltag untergeht. Aber die Stimmung, das Gefühl, das zurückbleibt, beschäftigt uns immer noch. In dieser anderen Wirklichkeit, die das Aufflammen der Materieteilchen in einer anderen Zeit und in einem anderen Raum ausdrückt, entstehen Bedingungen wie in unserer Realität, und wir beeinflussen sie durch unseren Besuch. So nehmen wir dieses Aufflammen wahr, diese andere Wirklichkeit. Sind wir aber dort und kommen hierher zurück, beeinflusst diese andere Wirklichkeit auch unser Leben. Es ist ja der eigentliche Grund und der Sinn der schamanischen Krafttierreisen, an dieser Veränderungsmöglichkeit teilzuhaben. Vielleicht fragen Sie sich, woher ich das weiß. Sie werden

es selbst erleben. Am deutlichsten wird Ihnen das, wenn Sie von dort tatsächlich etwas wie Materie oder Informationen mitbringen, die Ihnen hier unmöglich zugänglich gewesen wären und sonst entweder unerkannt oder streng geheim und geschützt neben Ihnen existiert hätten.

In den folgenden Übungen werden Sie sich mit verschiedenen Traumarten – manche werden Sie bereits aus Ihren Nächten kennen – beschäftigen. Da sind einfache Träume, die sich mit Tagesereignissen beschäftigen, dann solche, die Ihnen Symbole anbieten, andere schildern Ihnen eine mögliche Zukunft, eine andere Wirklichkeit oder Variationen eines Themas. Wahrträume können Sie aufrütteln oder besänftigen und spirituelle Eingaben und Ahnen- und Geisterbotschaften Ihren Alltag beeinflussen.

Ich bin alles, was ich träume

Sie haben Träume und wissen morgens nicht, was der Traum bedeutet, oder Sie können sich nur bruchstückhaft erinnern? Lernen Sie, mit Ihren Träumen umzugehen. Denn Träume sind von unterschiedlicher Tiefe und haben vielfältige Formen der Mitteilungen für Sie. Für diesen Fall will ich Sie damit vertraut machen, dass Sie einen Traum haben, in dem womöglich jeder Bestandteil der Traumerzählung einen Aspekt von Ihnen, Ihren Gefühlen oder Ihren Lösungsstrategien darstellt. Sie können diese Methode auch auf alle anderen Träume anwenden. Ich will Ihnen

damit zeigen, dass die Träume, in denen Tiere vorkommen, und das sind gar nicht so wenige, Krafttierreisen darstellen, zu denen Sie sich nicht bewusst entschlossen haben und die trotzdem von Ihnen, zumindest aber mit Ihnen erzeugt werden.
Zur Veranschaulichung erzähle ich Ihnen einen eigenen Tiertraum:
Im Traum bewege ich mich an einer Felsenküste entlang. Es ist kein Spazierweg, sondern einfach ein natürliches Auf und Ab entlang schroffer, steil abfallender schwarzer bis dunkelbrauner Felsen. Der Himmel ist verhangen. Gewitter- oder Regenwolken überziehen den Himmel bis zum nahen Horizont. Auf und über dem Meer bewegen sich Vögel: Möwen, Sturmvögel und ein Taucher – ebenfalls ein Vogel –, der drei Farben in seinem Federkleid trägt. Kopf und Hals sind schwarz, Flügel und Bürzel rot, der Bauch weiß. Ich sehe dem Vogel zu und befinde mich plötzlich auf einem Ruderboot im wellenbewegten Meer neben ihm. Aber ich rudere nicht und habe auch keine Ruder. Mein Boot treibt neben dem Taucher. Der Vogel taucht mit dem Vorderteil ins Meer, und ich sehe dabei nur sein rotes Hinterteil aus dem Wasser ragen. Der schwarze Kopf und der weiße Bauch sind nicht mehr zu sehen.
Nun stelle ich für die Interpretation dieser geträumten Krafttierreisen die Stellvertreterfragen. Ich bin der schroffe Fels. Ich bin schwarz und unzugänglich. Die gewittrigen

Wolken, das sind meine Gedanken. Ich bin ein Taucher, der sich in drei Farben zeigt, das heißt, ich kann mich auf die Tiefe einlassen oder verschwinden. Ich bin schwarz vor Trauer oder voller Depression im Kopf. Ich bin in meinem Bauchgefühl voll weißer Unschuld und rot vor Zorn oder Liebe in meinem Unterleib. Ich bin auf dem Boot und

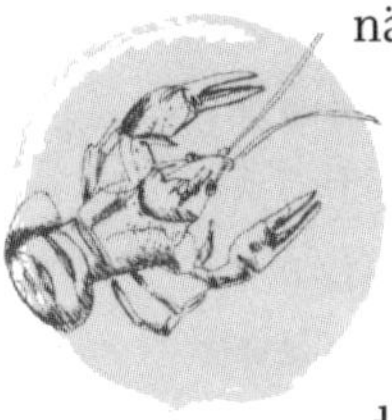

nähere mich mir selber, dem Taucher, an. Ich bin auch ein Ruderboot. Ich rudere durch mein Leben, und ich sitze in mir selbst und kann weder die Bewegung noch die Richtung vorgeben, da ich keine Ruder habe. Ich bin also nicht für das ausgestattet, was ich tun soll. Ich halte mich auf meiner Oberfläche auf. Ich tauche als Taucher in die Tiefe, doch nur halb. Meine Trauer verschwindet, und meine Liebe oder der Zorn ragen wie ein Signal aus dem Wasser. Ich bin das Meer, auf dem ich in mir treibe und mir beim Tauchen zusehe.

Erzählen Sie sich also in kurzen, prägnanten Sätzen Ihren Krafttierreisentraum. Setzen Sie für alle Bestandteile des Traumes Ihre Person ein. Der Ausdruck des Gegenstandes oder des Wesens, der Handlung oder des Verhaltens wird von Ihnen ergänzt um Ihre ganz persönliche Empathie, Ihre ganz individuelle Sicht. Sie werden erstaunt sein, wie für Sie die Ausdruckskraft der Tiere zunimmt, wenn Sie bei der Betrachtung Ihres Traumes durch die Augen des Tieres auf die Situationen blicken.

Sie können nun noch weiter gehen und den Traum fortsetzen. So frage ich mich bei meinem Traum, was ich anstelle des Tauchers sehe, wenn er den Kopf unter Wasser hält, und ich finde dort ein grünlichschwarzes, dunkles und kaltes Wasser vor. Darin werden von den Wellen Blasentangblätter bewegt, und Krebse und Garnelen krabbeln und segeln umher. Zwischen den Blättern lugen Seesterne hervor.
Nun ergänze ich diesen weitergeführten Traum: Wenn ich mich hineinbegebe in mein Wasser, mein Meer, finde ich reichlich Nahrung. Ich bin ein segelnder Krebs, eine schwebende Garnele. Ich bin ein Seestern. Ich bin Blasentang. Das heißt, ich selbst habe die Nahrung in mir. Ich muss mich dazu bewegen und meinen Kopf in die Tiefe begeben. Ich muss auch die Gefährdung hinnehmen, dass ich meinen roten, deutlich sichtbaren Hinterleib ohne Schutz der Welt aussetze, wenn ich diese meine Nahrung haben will.
Können Sie nachvollziehen, wie dieser Krafttierreisentraum mir Mitteilungen macht und welche dies sind? Übrigens könnte so auch eine schamanische Krafttierreise aussehen, und man würde dann noch andere Aspekte und weitere Möglichkeiten entwickeln. Sie wären dann die Person, die mit diesem Tier, dem dreifarbigen Taucher, im Wasser Kontakt aufnähme, und Sie würden wissen wollen, was es Ihnen mitzuteilen hat oder wohin es Sie führt. Der Taucher wäre in der Lage, Ihnen eine neue Welt zu offenbaren, die verborgen im Wasser, in seelischer Tiefe, zu entdecken ist.

Um schamanische Krafttierreisen zu verstehen, müssen Sie die ganze Dimension des schamanischen Träumens verstehen. Denn die schamanische Reise ist ein Traum, ein Traum Ihres Lebens, ein Traum von Ihrem Leben, den Sie jetzt noch nachhaltiger gestalten können.
Lassen Sie die Möglichkeit zu, dass überall in Ihrem Leben wunderbare Erfahrungen zu machen sind. Versuchen Sie nicht, ehrgeizig etwas Bestimmtes zu erreichen, sondern sehen Sie bereits jetzt, wie oft Sie schon eine Krafttierreise gemacht und sie nicht als solche beachtet haben. Deshalb lassen Sie uns noch ein bisschen auf diesem Weg weitermachen, damit Sie gut für Ihr Vorhaben gerüstet sind.

Übung: Ich bin alles im Traum

Dauer:	20 bis 30 Minuten
Ort:	geschützter Raum
Begleitung:	nein
Leitung:	möglich. Es ist sehr hilfreich, sich von jemandem während des Tages immer wieder Fragen stellen zu lassen wie: »Wenn du ein … bist, dann …« Das kann sehr unterstützend sein.
Hilfsmittel:	Reisetagebuch

- Nehmen Sie sich Ihren letzten Traum vor.
- Schreiben Sie ihn in Ihr Reisetagebuch.
- Nehmen Sie jeden Begriff, und setzen Sie sich selbst dafür ein: »Ich bin …«, »Und ich bin auch …« etc.
- Dabei können Sie auch die Verben, die Tätigkeiten, die Orte und natürlich das Tier, von dem Sie geträumt haben, für sich einsetzen: »Ich bin … und tue …«
- Wenn Sie diese Sätze wirklich hintereinander aufschreiben, erhalten Sie wahrscheinlich eine sehr interessante Aussage über den Trauminhalt.
- Lesen Sie das Geschriebene noch einmal, als wäre es der Originaltraum.

Traumsymbole

Wenn Sie sich durch die Identifizierung mit Ihren Trauminhalten nicht angesprochen fühlen, dann forschen Sie dem Symbolcharakter des Tieres und der anderen Trauminhalte nach. Auch auf diese Weise üben Sie die Umgangsweise mit den Krafttierreisen. Betrachten wir nun einen weiteren Traum von mir, und stellen wir die Frage nach dem Symbolgehalt eines Tieres.

Frühmorgens befinde ich mich im Traum auf einer Wanderung auf den Bergeshöhen eines orientalischen Landes. Bei einer Rast, die ich auf einem Stein abhalte, esse und trinke ich von meinem Proviant. Meine Intuition im Traum lässt mich unter dem Stein Skorpione vermuten. Das ängstigt mich etwas, und ich drehe den Stein um. Dort wimmelt es von Skorpionen: ein sehr großer schwarzer Skorpion, ein Weibchen, und eine Vielzahl kleiner, junger, blassfarbener Skorpione, die es umgeben. Der große Skorpion droht, kann mich aber nicht gefährden, da ich ihn sehe. Die kleinen sind zwar auch giftig, aber sie scheinen noch nicht wirklich gefährlich zu sein. Dann bedecke ich die Skorpione wieder mit dem Stein. Das Weibchen kommt noch einmal zum Vorschein und verschwindet dann.

Probieren wir es also in diesem Fall mit dem Symbolcharakter des Tieres. Vielleicht wissen Sie, dass das Skorpionweibchen manchmal nach der Paarung das Männchen tötet, dass es nachts, im Dunkeln, heimlich aktiv ist und lange Brutpflege betreibt. Der Skorpion ist als Symboltier Ausdruck des Todes. Er ist der Wächter des Tores zur Sonne, des Neuanfangs nach dem Tod und der Beschützer der östlichen Berge, die im Traum dem Orient entsprechen. Die Gefahr des Todes zeigt sich in dem Traum noch einmal und verschwindet. Im Augenblick ist er nicht bedrohlich, sodass ich ihn unbehelligt gehen lassen kann.

An diesem Beispiel lässt sich nachvollziehen, wie tief die Bedeutungen von Symbolen in unserem kollektiven Bewusstsein verankert sind. Die Interpretationen der Symbole richten sich nach Verhalten und Charaktermerkmalen der Tiere – so kann der Löwe Herrschaft symbolisieren, die Gans Geschwätzigkeit und Wachsamkeit, der Hund für Sexualität und Instinkt auftreten, die Kröte für die Geburtshilfe und die Eule für Weisheit stehen – , außerdem spielen soziale, kulturelle und religiöse Gegebenheiten einer Gesellschaft eine Rolle, wobei gerade einfache Zuschreibungen wie edel, böse, dunkel und unmoralisch langfristig gesehen und von einer Kultur zur anderen durchaus Veränderungen unterliegen.

Persönliche Erfahrungen führen zu weiteren Interpretationsmöglichkeiten, die über die kollektive Symbolik hinausgehen. In vielen Träumen treten bei mir Vögel einzeln oder in Scharen auf, sitzen am Boden oder fliegen in die vier Himmelsrichtungen und zeigen so ein Richtungskreuz an. Wenn diese Träume auftauchen, bin ich immer sehr beruhigt und am nächsten Tag ausgeglichen und zufrieden. Dies findet in meinem Körper sofort eine entsprechende Antwort.

Auch bei der später angestrebten schamanischen Krafttierreise werden Ihre Tiere für Sie noch interessanter und vielschichtiger, wenn Sie sich Ihrem Tier zusätzlich auf der Symbolebene nähern.

Übung: Traumsymbole entschlüsseln

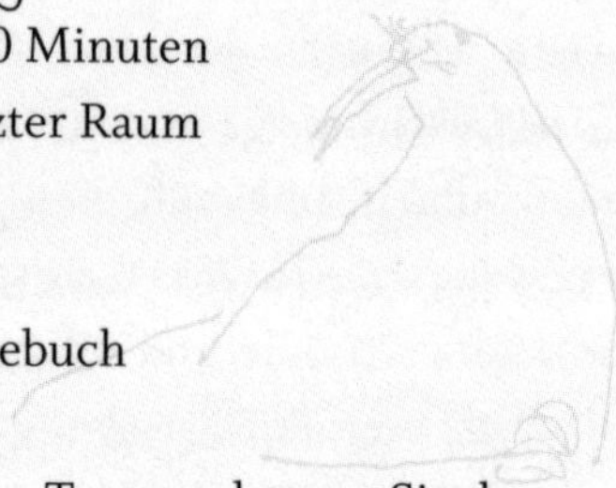

Dauer:	20 bis 30 Minuten
Ort:	geschützter Raum
Begleitung:	nein
Leitung:	möglich
Hilfsmittel:	Reisetagebuch

- Schreiben Sie Ihren Traum oder was Sie davon noch wissen auf.
- Untersuchen Sie möglichst viele Bestandteile nach ausgewiesenen Symbolen und Ihren persönlichen Erfahrungen.
- Schreiben Sie die Übersetzung der Symbole in Sätzen hintereinander auf.
- Lesen Sie diese geschriebene Variante noch einmal wie einen Originaltraum.

Ich bin das Tier

Es gibt auch noch eine andere Möglichkeit: Versuchen Sie als Nächstes, sich selbst als Tier zu denken, zu fühlen und zu spüren. Wenn Sie schon einmal von einem Tier geträumt haben, nehmen Sie diesen Traum, um wieder einzusteigen. Gerade im Traumgeschehen kann sich eine tiefere Schicht sehr gut an vorhergehende Traumsequenzen erinnern. Ima-

ginieren Sie das Tier im Wiederbeleben des Traumes. Versuchen Sie durch die Augen des Tieres auf die Umgebung zu sehen, hören Sie mit seinen Ohren, riechen Sie durch seine Nase, und fühlen Sie wie das Tier. Gehen Sie in eine Position, in der das Tier den Traum erlebt hat.
Aus Krafttierreisen wissen wir, dass der Blick durch die Augen des Tieres die Situation meist sehr vereinfacht. Manchmal möchte es einem allzu simpel vorkommen, aber das ist es nicht. Denn die Tiere haben zwar einfache Überlebensmechanismen, die ihnen zeigen, ob etwas gut oder schlecht ist, also ob es im Sinne des Überlebens funktioniert, dabei werden jedoch sehr komplexe Dinge mit ins Kalkül einbezogen. Dazu gehören das Klima, die eigene Befindlichkeit im Sinne eines Kraftzustandes und was dieser Energielevel ermöglicht. Diese Kraft kann frei von Egogeschichten wahrgenommen werden. Das ist gerade für uns sehr hilfreich, die wir so sehr mit der eigenen Nabelschau beschäftigt sind. Familiäre und soziale Bedingungen, die Gefährdung der Jungen und die erforderlichen Anstrengungen für die Jagd sind Vorgaben für die Handlungen der Tiere. Windrichtung, Bodenbeschaffenheit, Sonnenstand, konkurrierende Wesen, Anzahl der Gegner, die Mitglieder und Positionen der eigenen Tiergruppe, Hindernisse und die Weite der Wege werden abgeschätzt. Die instinktmäßige, für uns als Intuition erlebbare Übereinstimmung von Ort, Zeit und Handlung, die frei ist von den Fehlversuchen der Vergan-

genheit und Projektionen in die Zukunft, ist ein Übungsfeld für unsere eigene Intuition, die nur im Augenblick der Gegenwart entstehen kann.

Übung: Ich bin das Tier

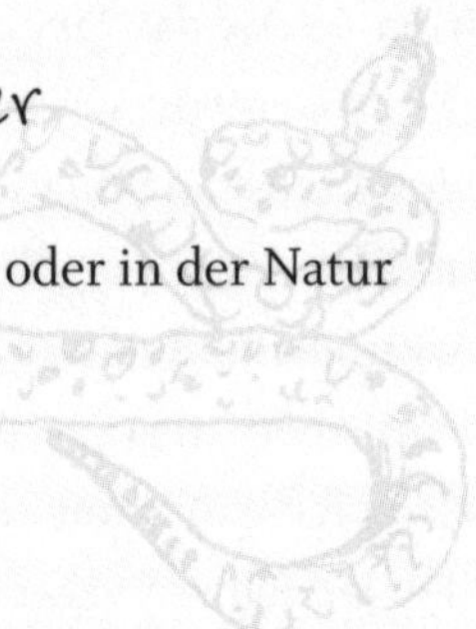

Dauer: 15 bis 30 Minuten
Ort: geschützter Raum oder in der Natur
Begleitung: nein
Leitung: möglich
Hilfsmittel: Reisetagebuch

- Wenn Sie Ihren Traum noch einmal träumen, dann versuchen Sie durch die Augen des Tieres und möglichst aller anderen Beteiligten zu sehen.
- Schauen Sie von hinten durch die Augen der Beteiligten. Fühlen Sie sich so in die Augen des Tieres ein, dass Sie durch dessen Augen sehen wie durch eine Brille, noch besser: als wären die Augen des Tieres Ihre eigenen Augen.
- Benützen Sie auch alle anderen Sinne.
- Schreiben Sie alles auf, was Sie von welcher Perspektive auch immer wahrnehmen.
- Versuchen Sie die Eindrücke getrennt nach den Beteiligten niederzuschreiben.

Ich träume mich und meine Tiere

Eine weitere Möglichkeit, mit Tieren im Traumgeschehen umzugehen und vielfältige Wahrnehmungen, Erfahrungen und Wissen zu erwerben, entsteht über das bewusste Träumen. Wir beginnen erneut damit, uns Gedanken über ein Tier zu machen und es mit allem zu füllen, was uns intellektuell und gefühlsmäßig zur Verfügung steht, um dieses Tier in einer Imagination zu vergegenwärtigen. Während wir bei der Imagination selbst den Zusammenhang herstellen, verfahren wir beim bewussten Träumen wie in der verselbständigten Imagination.

Wir sind bereit, einfach geschehen zu lassen, was geschieht, und die Selbststeuerung und Selbstentwicklung des Traumes zuzulassen. Wie wir im Folgenden sehen, können wir den Traum sogar steuern.

Bewusstes Träumen

Sie geben sich den Auftrag, bewusst in der Nacht von einem Tier zu träumen und die Informationen, die durch dieses Tier zu Ihnen kommen, zu bewahren, zu erinnern oder nachts aufzuschreiben. Sie denken für die erste Übung an ein Tier, das sie kennen, schon imaginiert, vielleicht sogar schon einmal geträumt haben. Wenn es Ihnen leichter fällt, legen Sie sich ein Foto oder eine Abbildung neben Ihren Schlafplatz, sodass Sie vor dem Zu-Bett-Gehen noch einmal mit dem Bild konfrontiert werden.

Vielleicht sind Sie damit anfänglich nicht gleich erfolgreich, und es stört Sie, wenn Sie sich nicht erinnern, geschweige denn etwas aufschreiben können. Lassen Sie die Selbstvorwürfe. Lieber wiederholen Sie am nächsten Abend den Traumauftrag. Machen Sie sich nichts daraus, es geschieht im Traum trotzdem etwas.

Übung: Ich träume mein Tier

Zeitpunkt:	vorzugsweise nachts
Ort:	geschützter Raum
Begleitung:	möglich
Leitung:	keine
Hilfsmittel:	Reisetagebuch

- Legen Sie sich zum Schlafen hin.
- Atmen Sie gut durch.
- Sprechen Sie innerlich oder hörbar, dass Sie in der Nacht von Ihrem Tier träumen wollen und jede Botschaft, die von diesem Tier kommt, annehmen und sich merken.
- Nehmen Sie das Traumgeschehen an, wie es ist.
- Es kommt ein Tier, vielleicht sogar ein anderes als das erwartete. Erlauben Sie jedem Traum, in Ihren Schlaf einzudringen.

- Der Traum bleibt Ihnen bis zum Morgen in Erinnerung, vielleicht bleibt etwas an Gefühlen oder Körperwahrnehmungen in Ihnen zurück, das Sie nicht erwartet haben. Es kann sein, dass Ihnen Bewegungsabläufe oder die eigene Stimme neu und verändert erscheinen.
- Bestätigen Sie den Traum als richtig, auch wenn er nur von einer Tankstelle gehandelt hat oder so etwas Schlichtes wie das Bild einer Kaffeetasse zurückgeblieben ist.
- Nehmen Sie diesen Anfang als Anfang Ihres eigenen Tiertraumes. Auch diesem Anfang wohnt ein Zauber inne – dieser Zauber der schamanischen Reise, die unsere Welt der Gefühle und Gedanken verändert.

Geänderte Träume

Wenn Sie nachts oder tagsüber in einem kurzen Wegnicken am Bürotisch geträumt haben und ein Tier aufgetaucht ist, Bilder oder Stimmungen von der Traumnacht geblieben sind oder Ihnen eine Geschichte durch den Traum erzählt wurde, dann seien Sie bereit, damit weiterzuarbeiten. Manche Träume werden Ihnen gefallen, andere nicht. Arbeiten Sie dennoch weiter mit Ihrem Krafttier und den Trauminhalten. Wiederholen Sie alles, was Ihnen erinnerlich ist, noch einmal, und zwar so deutlich wie möglich. Geben Sie Ihrem Traum, der in der Nacht aufgetaucht ist, ein neues Ziel oder einen neuen Inhalt. Nehmen Sie an, der nächtliche Traum wäre der Prototyp eines Traumes und er müsste erst zur Alltagstauglichkeit verändert werden. Er bedarf noch Ihrer kreativen Intelligenz, Ihrer handwerklichen Fähigkeiten und Ihres planenden Verstandes. Dann haben Sie eine Vorstellung, was Sie mit so einem Traum machen können.

Wir wollen uns eine Traumsequenz vorstellen, die Ihnen keinen Spaß machen würde. Sie fahren mit einem Leihwagen durch Ungarn, und Ihr Reifen platzt. Sie sind mitten in der Puszta unterwegs, und weit und breit ist kein Mensch zu erkennen. Außerdem hat das Auto keinen Ersatzreifen. Sie sehen viele Rinder, einige Pferde, einen Ziehbrunnen. Also bewegen Sie sich zum Ziehbrunnen, um wenigstens Wasser für sich zu schöpfen. Als Sie dort ankommen, bemerken Sie eine große Unruhe unter den Tieren. Ein brünstiger Bulle will sein Gebiet verteidigen und stürmt auf Sie zu, um Sie auf die Hörner zu nehmen. Wenn der Bulle Ihr Krafttier wäre, könnten Sie sich verständigen und ihn mit einiger Anstrengung zur Raison bringen, aber in Ihrem Traum ist der Bulle nicht auf Ihrer Seite. Sie sehen Kraniche am Himmel fliegen, und vielleicht wissen Sie schon, dass

der Kranich Ihr Krafttier ist. Sie haben aber gerade keine Idee und werden wohl vom Stier zertrampelt. So wachen Sie auf.
Es gibt also einen Traum, in dem Sie es sehr schwer haben und Krafttiere anwesend, aber gerade nicht hilfreich sind. Um diesen nächtlichen Traum zu verändern, wiederholen Sie den Traum nochmals in der Vorstellung. Schon während der Unruhe in der Tierherde bitten Sie die Kraniche, die am Himmel dahinziehen, um Hilfe. Obwohl Sie nicht wissen, wie die Kraniche helfen könnten, probieren Sie verschiedene Möglichkeiten aus und suchen nach der, die Ihnen für diesen Traum emotional am meisten einleuchtet und Ihnen am stimmigsten erscheint. Also lassen Sie die Kraniche fliegend nach unten stürzen und so eine Art Vorhang zwischen Ihnen und dem Stier bilden. Wenn sich der Stier dadurch ablenken oder stoppen lässt, dann fühlen Sie nach, wie es Ihnen mit dem Traum geht. Oder Sie entwickeln die Idee, dass die Kraniche nach unten fliegen und Sie sich an mehreren Kranichen festhalten, um von ihnen in die Lüfte gehoben zu werden, bis die Gefahr gebannt ist. Vielleicht werden Sie gar wie Nils Holgersson bis zum nächsten Dorf getragen und erhalten dort Hilfe.
Die bewusste Tagesarbeit an dem Traum besteht darin, dass Sie Lösungen für die nächtliche Traumwerkstatt entwickeln. Jeder Traum birgt in sich den Versuch, Lösungen anzubieten. Darin werden Lebensmomente neu interpre-

tiert und definiert. Durch die Nacharbeit lässt sich die Lebenswirklichkeit kreativ verändern. Die Wirkung dieser Einflussnahme können wir zuerst an unserer Stimmung und dann womöglich an den Folgen erkennen.

Übung: Den Nachttraum ändern

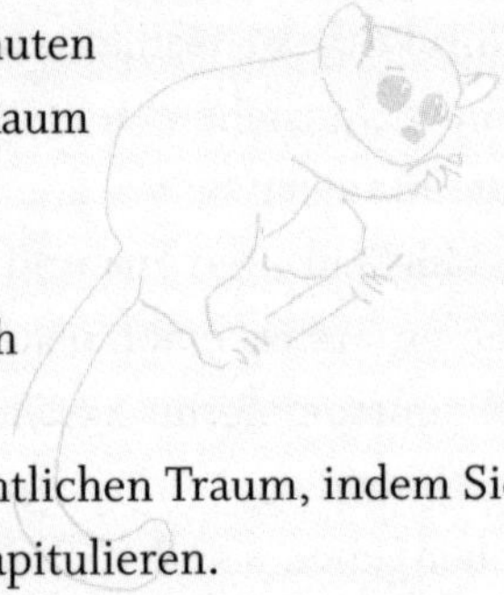

Dauer: 20 bis 30 Minuten
Ort: geschützter Raum
Begleitung: möglich
Leitung: keine
Hilfsmittel: Reisetagebuch

- Ändern Sie Ihren nächtlichen Traum, indem Sie ihn am Tag genau rekapitulieren.
- Geben Sie diesem Traum eine neue inhaltliche und emotionale Richtung.
- Machen Sie Ihren richtigen Traum daraus, indem Sie ihm eine Lösung oder eine andere Fassung verleihen.
- Nehmen Sie so viele Änderungen vor wie nötig und so wenige wie möglich.
- Versuchen Sie damit Ihr inneres Gleichgewicht und eine emotionale Ruhe herzustellen.
- Experimentieren Sie mit der Traumgeschichte.

- Wenn Sie wollen, bitten Sie gleich darum, dass die Fortsetzung Ihrer eigenen Tagestraumgeschichte im nächsten Nachttraum weitererzählt wird, sodass Sie schon die Konsequenzen Ihrer Veränderungsvorschläge erfahren.

Luzide Träume

Bei diesen Träumen wissen Sie selbst, dass Sie der Träumer sind: Sie beobachten, was der Träumer träumt, und nehmen Einfluss darauf, wohin Sie als Träumer mit Ihrem Traum unterwegs sind.
Bei den luziden Träumen ist es so, dass Sie in ein Traumgeschehen einbezogen sind und noch nicht die Welt gewechselt haben. Dabei hat das Traumgeschehen, das Sie beobachten und beeinflussen, eine außerordentliche Wirkung auf Ihr Tagesbefinden und auf das Tagesgeschehen.

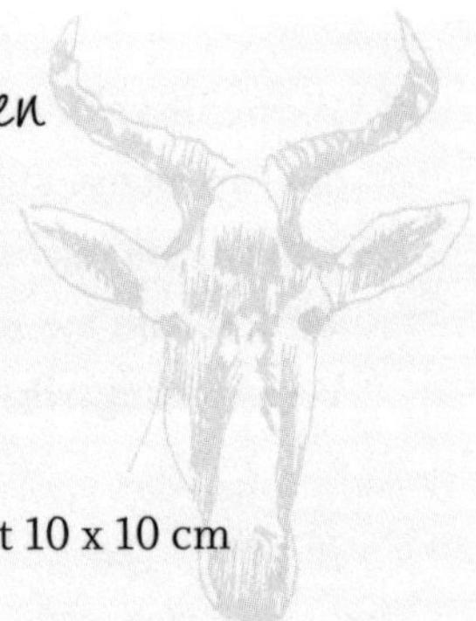

Übung: luzides Träumen

Zeitpunkt: nachts
Ort: geschützter Raum
Begleitung: möglich
Leitung: keine
Hilfsmittel: Reisetagebuch,
rotes Papierquadrat 10 x 10 cm

- Nehmen Sie sich am Abend vor dem Einschlafen vor, dass Sie als Beobachter Ihren Traum beobachten.
- Um das nicht zu vergessen, legen Sie sich ein rotes Quadrat aus Papier in der Größe 10 x 10 cm neben Ihr Bett.
- Betrachten Sie das rote Quadrat etwa fünf Minuten. Geben Sie sich den Auftrag, dieses Quadrat als Beobachter in der Nacht zu sehen und dann zu wissen, dass Sie der Beobachter sind.
- Schreiben Sie nach dem Erwachen alles auf, was Sie in Ihrem Traum beobachtet haben.
- Sie können Ihren luziden Traum im Traum verändern, wenn Sie sich gewiss sind, dass Sie der Beobachter sind, der eingreifen kann.
- Erinnern Sie sich dazu an das rote Quadrat.

Nachtträume in anderen Welten

Die Nachtträume, die Sie von anderen Welten haben und bei denen Sie Ihren Körper fast leer zurücklassen, während Ihre Leibseele sich auf den Weg macht, sind die faszinierendsten nächtlichen Bewegungen. Diese Bewegungen haben mit dem Traumgeschehen in der Fantasie und dem Selbstauftrag, den Sie sich bei den ersten Träumen gegeben haben, nichts mehr zu tun. Sie stammen aus der anderen Heimat der Seele und des himmlischen Doppelgängers, dessen Seelentiere auch in diesen überzeugenden Träumen auftauchen.

Dies sind die unmittelbaren Funktionen des Seelentieres im Traum, auch der Gruppenseelen der Tiere: die Vermittlung von Erfahrungen von Weltdurchdringung und Weltaneignung außerhalb unseres biologischen Seins. Die Nachtträume sind eine Durchdringung der Zeitmembran, die zu realistischen und wirkungsvollen Erfahrungen von Wirklichkeit führen.

Das Tier als Mahner, Begleiter und Lehrer

Wenn nun ein Tier oder gar Ihr Tier auftritt, dann folgen Sie ihm, hören Sie ihm zu. Es wird meist nicht in menschlichen Worten mit Ihnen kommunizieren, obwohl das im Traum durchaus möglich ist, sondern Sie werden das, was Sie auf einer Verstehensebene Ihres Bewusstseins aufnehmen, in Ihre Sprache übersetzen. In dieser gesteigerten Sensibilität

sind Sie mit allen Sinnen mit Wahrnehmen, Spüren, Fühlen, Denken oder Interpretieren beschäftigt.
Stellen Sie sich jetzt ein Murmeltier vor, das in Ihrem Schlaf auftaucht und auf einem Hügel aus Büropapieren aufrecht auf dem Hinterteil sitzt, nervös mit dem Schwanz schlägt, seine Stellung aufgeregt wechselt und warnend pfeift. Da bringt in Ihrem Traum der Briefträger einen Brief mit einer Zusage, die Sie sehnlichst erwarten. Das Tier verschwindet hinter einem Stapel Papieren in Ihren Ordnern. Jetzt heißt es wachsam sein, denn wenn ein Murmeltier nach einem warnenden Pfeifen verschwindet, bedeutet das Gefahr. Untersuchen Sie noch einmal, ob diese Zusage für Sie wirklich angenehm und gut ist. So zeigt sich die Funktion des Tieres als Mahner und Begleiter.
Sie gehen in die Berge, machen eine Wanderung an steilen Steigen, und Ihr Steinbock begleitet Sie sicher über die schmalsten Pfade und steilsten Hänge. Sie benützen in seiner Begleitung sicher den kleinsten Halt und behalten einen kühlen Kopf, wenn es darum geht, auf dem gefährlichen Weg zurückzuklettern. Als Lehrer gibt Ihnen das Tier direkte und mittelbare Hinweise. Ein Marabu kann Ihnen sehr dabei helfen, Frust und Misserfolge zu überstehen und Zeiten, die für andere durchaus mit Not und Einschränkungen verbunden sind, sicher und gut zu nutzen. Als weiser Vogel kennt er alle Schliche aus den Jahrtausenden, in denen er in der Nähe der Menschen alles Mögliche gesehen hat.

Diese Fähigkeiten nutzen Sie in alltäglichen Lebenssituationen, beim Sport, beim Lernen, bei der Genesung von Krankheiten und der Orientierung in der Landschaft. Am Ende von Teil 2 finden Sie hilfreiche Kurztechniken, die Sie in solchen Situationen anwenden können (Seite 261 ff.).

Schamanische Krafttierreisen

Es ist dämmrig, der Platz für die Visionssuche in den Bergen ist abgesteckt. Herbstliche Töne fallender Blätter und tropfenden Regens mischen sich zu einer gedämpften Melodie. Zwischendurch ein Krähen. Pfeifen von Rehen. Röhren von Hirschen. Das Bewusstsein ist verändert. Der Hunger verursacht Leiden.

Der Mann möchte nach Hause. Aber er muss bleiben. Die Reise vollenden. Es ist kalt, die Knie knirschen, wenn eine neue Stellung zum Sitzen gesucht wird. Die Hüften tun weh, die Schultern schmerzen von der Nacht auf dem harten Boden im Zelt. Ja natürlich, beim Meditieren sollte man vergessen, dass etwas schmerzt.

Der Schmerz ist aber geradezu penetrant im Vordergrund. Der Mann könnte es so schön haben. Es raschelt im Laub. Die Ohren hören es mit der überdeutlichen Schärfe des Fastenden. Die Augen fokussieren sich auf einen Platz genau vor dem seit drei Tagen Sitzenden. Eine schwarze Kreuzotter kriecht auf das mit farbigen Bändern und Weidenstöcken abgesteckte Viereck zu, in das sich der Fastende zurückgezogen hat. Sie hebt ihren Kopf. Das Schuppengeflecht glänzt trotz des nebligen Umfelds. Die Augen des Mannes und der Kreuzotter schauen sich an. Die Kreuzotter sieht den Mann nicht, der ganz ruhig sitzt. Riecht und notiert ihn mit Infrarotsensor. Zischt. Endlich hat der Mann zu tun. Er begibt sich in die Schlange, kriecht ihr von hinten hinein in ihren Kopf, sieht durch ihre Augen – nichts. Der

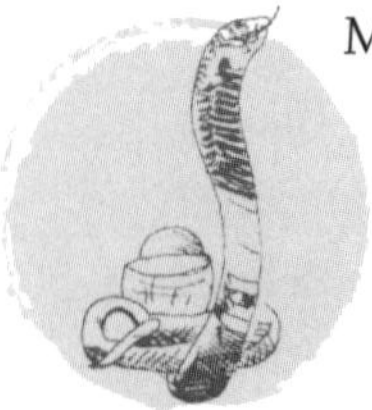

Mann dort sitzt ganz ruhig und starrt sie an. Er wird von den Augen der Schlange durchdrungen, beim Hinterkopf kriecht die Schlange in den Kopf des Mannes hinein. Sie sieht sich selbst, schaut selbst in die Augen der Schlange, dabei ist sie blind und wird durch die Augen des Menschen sehend. Wer ist wer oder was? Die Emotion ist ruhig, der Verstand schläft gerade, das Gefühl ist innig, es fließt hinüber und hierher. Wohin? Ist es noch am Fließen, ist es schon an beiden Orten, an einem? Das Gift fließt, die Anerkennung fließt, die Ermächtigung des Daseins, Liebe fließt, starr, nein ruhig, fest, klar. Der Rücken wird lang und gedehnt, gekrümmt, kalt, warm, der Verstand wird wach. Der Mann sitzt einer Schlange gegenüber, und die Schlange weiß, der Verstand, den sie gerade eingenommen hat, kehrt zu dem Mann zurück. Sie kehrt in sich, er zu sich zurück. Erkennen. Wir sind. Du in mir, ich in dir. Ein Getrenntes erleben. Danke. Wiedersehen. Wiederbesuchen. Wiederkommen. In die Nacht hinein. Was schmeckt, sieht, fühlt der Mann in dieser Nacht? Ungesehen und wahrgenommen, die Füchse, Igel, Marder, Schnecken, Zecken, lebens-, sonnen- und blutwarm, überall hier im Wald um ihn herumtrampelnd. So, genau!

Eine lange Nacht. Nachtkalt kehrt die Schlange zurück auf den bemoosten Stein voll von dem Gesehenen. Wie heißt du?

So kann der Beginn der Begegnung mit dem Mahner, dem Lehrer, dem Begleiter sein.

In der freien Natur, im Traum, in der Trance begegnest du ihm. Du nimmst Kontakt auf und wirst am Ende hinterherrufen, weil plötzlich so viele Fragen entstehen. Was hätte ich noch tun können. Sehe ich ihn wieder. Es gibt so viel neues Fühlen, Emotionen, Wahrnehmungen und Gedanken.

Trance

Sie kennen Trancezustände schon aus Ihrem Leben. Manchmal sind Sie unterwegs und gehen geradeaus, anstatt, wie ursprünglich geplant, abzubiegen – und merken es erst kurz danach. Dabei waren Sie in einem abwesenden Bewusstseinszustand, der den Sinn für die gegenwärtige Realität kurz ausgeschlossen hat, und trotzdem sind Sie weitergegangen. Diesen Zustand wollen wir bei den Trancereisen herstellen. Wenn Sie die Tiefenentspannung (Seite 90 f.) schon gemacht haben, dann waren Sie schon etwas in Trance, und so fahren wir damit fort. Sie können sich bei der Trance gerne von einer Freundin oder einem Freund helfen lassen, damit Sie sich ganz sicher fühlen. In meinen Gruppen wird möglichst bei jeder Trance die Trance nehmende Person von einer Vertrauensperson begleitet. Diese kümmert sich darum, dass sich der Trancenehmer nicht stößt und nicht umfällt bzw. von ihr aufgefangen wird. Sie zeichnet Sprachmitteilungen über die Reise auf, deckt die Person mit Decken zu oder ab, legt ihr bei Bedarf ein Kissen unter den Kopf. Es wird Ihnen in jedem Fall guttun, wenn Sie sich in dieser Weise helfen lassen.

Mit Hilfe der folgenden Anleitungen können Sie eine leichte Trance erzeugen. Übrigens haben schon viele meiner Kursteilnehmer nach der Trance davon gesprochen, Sie hätten nichts Außergewöhnliches bemerkt. Ihnen kann es ebenso ergehen.

Freilich haben Sie die Möglichkeit, tiefer in die Trance einzusteigen. Dies gelingt durch Übung, Wiederholung von Atemmustern, Bewegungsübungen, Tanz und durch die Anwendung von Trommeln und Rasseln. Um bei dem Prozess, in dem Sie sich mehr und mehr auf eine andere Welt einlassen, gesichert zu sein, ist es in jedem Fall ratsam, eine Begleitperson zur Seite zu haben.

Die Trance selbst dient dazu, dass Sie Ihr Augenmerk von

der Umgebung abziehen und sich ganz auf sich selbst und Ihre inneren Prozesse einlassen. Sie gehen dann in einen Zustand über, in dem Sie sich von sich selbst weit entfernen, und das ist angestrebt. Schließlich wollen Sie in der anderen Wirklichkeit mit den Krafttieren in Verbindung treten.

Übung: Atemtrance

Dauer:	30 bis 60 Minuten
Ort:	geschützter Raum oder in der Natur
Begleitung:	wünschenswert, für Gruppen geeignet
Leitung:	wünschenswert
Hilfsmittel:	Rassel, Trommel, CD

Wie schon bei früheren Übungen werden Sie auch bei der Atemtrance 60-mal ein- und ausatmen. Beginnen Sie mit einer normalen Atmung, und steigern Sie die Atmung so, wie ich es Ihnen noch genauer beschreibe. Die Atemfrequenz kann bei den Anleitungen erhöht und gesenkt werden. Sie sind für Ihre Atmung selbst verantwortlich. Folgen Sie deshalb zwar der Anleitung, bleiben Sie aber gleichzeitig in der Selbstbeobachtung so klar, dass Sie nach Ihrem inneren Gefühl die Atmungsfrequenz und die Atmungstiefe erhöhen, beibehalten oder senken. Sie können jederzeit zur vorhergehenden Atmung zurückkehren und sie weiterführen. Machen Sie die ersten Atmungstrancen ohne weitere Aufgabe, als nur zu atmen, damit Sie für Ihre Atemmuster ein Gefühl bekommen. Gehen Sie erst dann mit der Atemtrance auf die Krafttierreisen.

Da die Atemfrequenzen mit dem Alter, der Anteilnahme am lebendigen Austausch mit der Welt und mit tief liegenden Gefühlen zu tun haben, rühren Sie damit auf Ihren Krafttierreisen auch an vergangene Zeiten und Gefühle. Lassen Sie sich bei Bedarf professionell therapeutisch begleiten, wenn Ihnen bestimmte Erfahrungen der Kindheit oder Jugend zu brisant erscheinen. Im Normalfall werden die Gefühle, durch die wir hindurchgehen, auch von den Krafttieren aufgefangen und beantwortet.

Übung: Rhythmustrance

Dauer: 30 bis 60 Minuten
Ort: geschützter Raum oder in der Natur
Begleitung: wünschenswert, für Gruppen geeignet
Leitung: wünschenswert
Hilfsmittel: Rassel, Trommel, CD, Metronom

Diese Tranceart mittels Rhythmus, die Gehirnwellen stimuliert oder beruhigt, Blutdruck und Nervenspannung verändert, gehört zu den gebräuchlichsten Tranceinduktionen bei der schamanischen Arbeit und wird durch Rasseln, Trommeln und andere Rhythmusinstrumente verwirklicht. Dabei sind bei 15 Atemzügen pro Minute bis zu 120 Trommelschläge für die körperlichen Grundstimmungen ergebnisreich. Die Takte, die 150 bis 220 Schläge pro Minute angeben, wirken besonders auf das Gehirn und seine verschiedenen Frequenzen. Es sollte ein Grundbeat beibehalten werden, der jedoch bei erfahrenen Trancenehmern vom Trommler unterbrochen, verlangsamt oder gesteigert werden kann. Der Rhythmuswechsel kann die Konzentration vertiefen, Ruhepausen einräumen oder das Tempo beschleunigen. Dabei erleichtern die Tranczustände die Durchlässigkeit für Erfahrungen aus den Ebenen und Welten der anderen Wirklichkeit. Je tiefer die Trance ist, umso mehr werden der Verstand und das Ego zurückgedrängt und umso größer wird die reine Erfahrung, selbst wenn Sie bei der Rückkehr aus der Trance mitunter auch einen Teil oder alles vergessen.

Übung: Körpertrance

Dauer: 30 bis 60 Minuten
Ort: geschützter Raum oder in der Natur
Begleitung: wünschenswert, für Gruppen geeignet
Leitung: wünschenswert
Hilfsmittel: Rassel, Trommel, CD

Die Körpertrancen entstehen durch schnelle oder sehr langsame, ständig wiederholte Bewegungen. Diese Stimulierung des Kopfes und des Körpers durch Drehen, Nicken, Schütteln veranlasst das Gehirn, zu einem anderen Bewusstseinszustand überzugehen. Die Verbindung von Atem und Körpertrance ist nicht zu trennen, wenn man mit dem Körper arbeitet. Die höchste Wirkung wird durch die Verbindung von Körperarbeit, Atem und Rhythmus erzielt. Deshalb ist Tanz im Rhythmus der Musik von Trommeln und Rasseln eine der wirksamsten Tranceinduktionen. Sie kennen das vielleicht, wenn Sie gerne tanzen.

Beim Tanz wird bei der Krafttierreise häufig die Verbindung mit dem Krafttier hergestellt und der unmittelbare Ausdruck für das Krafttier in der Bewegung gesucht. Hier entdecken selbst ungeübte Tänzer in sich Bewegungsformen, die sie sich bis dahin nicht vorstellen konnten. Es gibt auch einige Körperstellungen, die geeignet sind, die Trance zu unterstützen und bestimmte Krafttiere hervorzurufen. In verschiedenen Körpertherapien wie Osteopathie, Craniosacraltherapie und selbst bei der Bioenergetik bleibt es nicht aus, dass man sich durch Anregung bestimmter Körperelemente wie beispielsweise Rückenmarkshaut und Liquorpuls an die ursprüngliche tierische Verwandtschaft anschließt.

Krafttierbewegungen

Sie können sich auch ohne Reisen in verschiedene Entwicklungsstadien der Krafttiere einklinken, ohne dabei Ihr persönliches Krafttier zu bemühen. Diese Übungen führen Sie alleine oder in der Gruppe durch. Die Körperbewegungen dienen der innerlichen Einstimmung der Körperzellen und deren Erinnerung an unsere Herkunft. Die Tierbewegungen können in Ihnen auch andere Erinnerungen wecken. Lassen Sie auch diese zu. Dabei bedienen Sie sich der verkürzten Entwicklungsgeschichte vom Fisch über das Krokodil hin zum Bären und Affen und zuletzt zum vollständigen Menschen.

Wenn ich davon spreche, dass Sie Erinnerungen an die Herkunft aus dem Wasser erzeugen sollen oder Erinnerungen an Fisch, Krokodil oder Bär, dann lassen Sie Ihre Gedanken und Ihre Gefühle auftauchen. Es dürfen auch solche sein, die Sie durch Wissen und Imagination hervorrufen.

Übung: Fisch – ein zusammengekrümmter Embryo

Der Fisch ist einer unserer Vorfahren, von dem wir noch die Entwicklung unserer Rückenwirbel ableiten können. Der Fisch hat für den Druckausgleich unter Wasser diese anatomische Form gewählt und wir, schwimmend im Mutterleib, bedienen uns von Anfang an dieser Kraft. Unsere Lungen sind veränderte Darmaussackungen des Fisches.

Dauer:	solange Sie wollen
Wiederholung:	immer wieder, auch beim Tanzen
Ort:	geschützter Raum oder in der Natur
Begleitung:	nicht notwendig
Gruppe:	für Gruppen zur Durchführung besonders gut geeignet
Leitung:	keine
Hilfsmittel:	Rassel, Trommel, CD

- Atmen Sie im Stehen 60-mal bewusst ein und aus.
- Danach legen Sie sich in einer gekrümmten Embryohaltung mit einer Körperseite auf den Boden.
- Lassen Sie die Erinnerung an die Herkunft aus dem Wasser und die Erinnerung von den Fischen in sich aufsteigen.
- Atmen Sie tief und langsam ein und aus, langsamer, als Sie zu atmen gewohnt sind. Strecken Sie dabei die Arme und Beine, und ziehen Sie sie wieder zusammen.
- Machen Sie diese Übung etwa 15- bis 30-mal oder solange die Konzentration für die Erinnerung an das Wasser ausreicht, Sie ermüden oder sich langweilen.
- Wechseln Sie im fließenden Übergang zur nächsten Übung.

Übung: Krokodil – Kleinkind, das sich auf allen Vieren vorwärts und rückwärts bewegt

Aus unserer Krokodilzeit sind das Keratin und die Fingernägel übrig geblieben. Sie sind mit der Haut, die gegen Austrocknung schützt, Erinnerungen an die Sauriervorfahren in uns.

Dauer:	solange Sie wollen
Wiederholung:	immer wieder, auch beim Tanzen
Ort:	geschützter Raum oder in der Natur
Begleitung:	nicht notwendig, für Gruppen geeignet
Leitung:	keine
Hilfsmittel:	Rassel, Trommel, CD

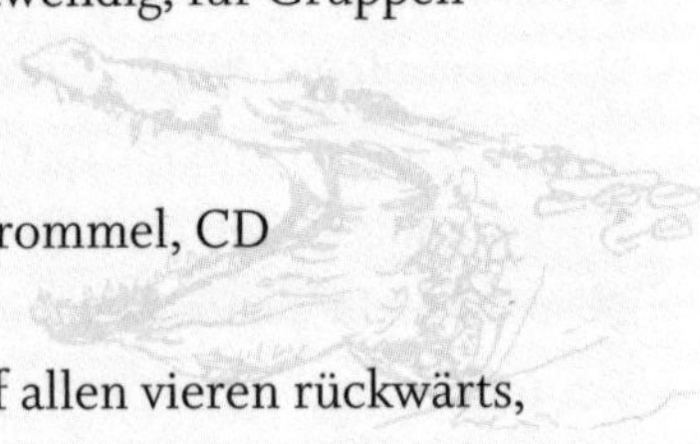

- Bewegen Sie sich auf allen vieren rückwärts, dann vorwärts, und bleiben Sie mit Brust und Bauch möglichst nahe am Boden.
- Behalten Sie die tiefe und langsame Atmung bei.
- Holen Sie dabei das Bewusstsein des Krokodils und des Stammhirns, den Wechsel von Wasser

zu Festland und das Bewusstsein des Kleinkindes hervor.

- Wenn Sie genug haben, wenden Sie sich dem nächsten Bewegungsablauf zu.

Übung: Bär, der sich aufrichtet

Auch nach dem Abstreifen der Lanugohaare im Mutterleib bleiben die Haare, und auch die Brustwarzen, als Erinnerungsspuren unserer Säugetierzeit.

Dauer:	solange Sie wollen
Wiederholung:	immer wieder, auch beim Tanzen
Ort:	geschützter Raum oder in der Natur
Begleitung:	nicht notwendig, für Gruppen geeignet
Leitung:	keine
Hilfsmittel:	Rassel, Trommel, CD

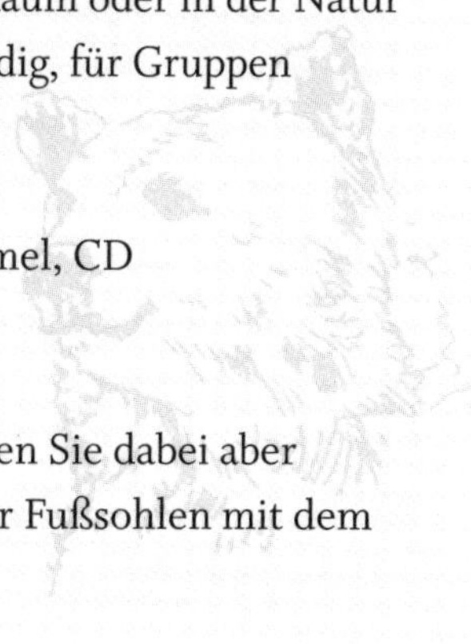

- Sie sollten barfuß sein.
- Richten Sie sich auf, spüren Sie dabei aber weiterhin den Kontakt der Fußsohlen mit dem Boden.

- Heben und senken Sie die Arme abwechselnd.
- Atmen Sie tief ein und aus.
- Kehren Sie wiederholt nach dem Aufrichten auf alle viere zurück.
- Lassen Sie die Erinnerung an den aufgerichteten Bären in sich spürbar werden.
- Begleiten Sie die Bewegung mit der Stimme Ihres inneren Bären.
- Dann werden Sie zum Kind, das die Aufrichtung zögernd beginnt, um durch den Raum zu gehen.
- Kehren Sie zunehmend zu Ihrer normalen Atemfrequenz zurück.
- Lassen Sie sich genug Zeit, um aus diesem Bewegungsprozess herauszukommen.

Übung: Affe, der klettert, hüpft – mal auf allen vieren, mal auf beiden Beinen

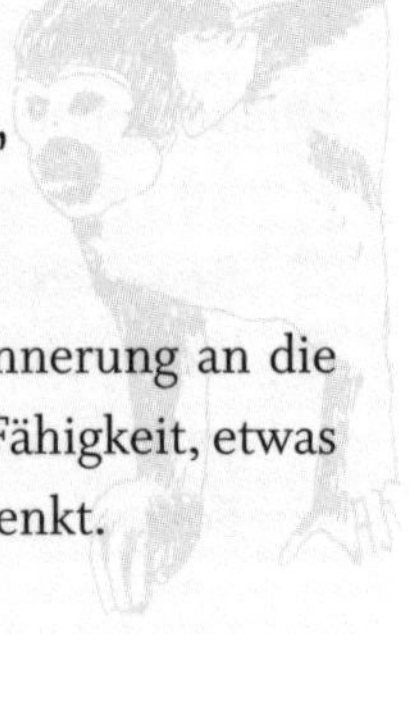

Der Affe hat uns die Daumen als Erinnerung an die Bewegung in den Bäumen und an die Fähigkeit, etwas präzise in die Hand zu nehmen, geschenkt.

Dauer:	solange Sie wollen
Wiederholung:	immer wieder, auch beim Tanzen
Ort:	geschützter Raum oder in der Natur
Begleitung:	nicht notwendig, für Gruppen geeignet
Leitung:	keine
Hilfsmittel:	Rassel, Trommel, CD

- Sie sollten barfuß sein.
- Richten Sie sich auf, spüren Sie dabei aber weiterhin den Kontakt der Fußsohlen mit dem Boden.
- Atmen Sie tief ein und aus.
- Kehren Sie wiederholt auf alle viere zurück.
- Benützen Sie die Arme zum Balancieren, strecken Sie sie in die Luft.
- Gehen Sie zunehmend wieder zu Ihrer normalen Atemfrequenz über.
- Lassen Sie die Erinnerung an den aufgerichteten Affen in sich spürbar werden. Begleiten Sie die Bewegung mit der Stimme Ihres inneren Affen.
- Werden Sie zum Kind, das mit den Möglichkeiten der Bewegung auf allen vieren und auf zwei Beinen spielt.

- Hängen Sie sich an Türzargen oder an Balken, um die Kraft in den Armen zu spüren.
- Lassen Sie sich genug Zeit, um aus diesem Bewegungsprozess herauszukommen.
- Wenn Sie diese Bewegungsfolgen durchgemacht haben, gehen Sie in Ihre eigene persönliche Bewegung und spielen Sie damit, bis Sie sich frei fühlen.

Übung: das Tier bewegen und tanzen

Dauer:	solange Sie wollen
Wiederholung:	immer wieder tanzen
Ort:	geschützter Raum oder in der Natur
Begleitung:	nicht notwendig, für Gruppen geeignet
Leitung:	keine
Hilfsmittel:	Rassel, Trommel, CD

Eine schöne Aufgabe – ich weiß, dass ich hier die Männer speziell noch einmal auffordern muss – ist es, mit den Tieren, die sich bei Ihnen eingestellt haben, zu tanzen. Legen Sie sich dabei Musik auf, oder trom-

meln und rasseln Sie mit Ihren Freunden. Sie dürfen die Bewegungsmuster, die Sie selbst beim Tanzen haben, auch weiter nutzen, aber Sie können mit den Bewegungen der Tiere über Ihre Gewohnheiten hinausgehen. Hüpfen, kriechen und laufen Sie auf eine Art, die Ihr Tier ausdrücken kann. Staksen Sie wie ein Storch, schlängeln Sie sich wie eine Schlange, schleichen Sie wie ein Fuchs, springen Sie wie ein Känguru. Schließen Sie die Augen, rufen Sie Ihr Tier, fühlen Sie in Ihr Tier hinein, lassen Sie sich wie auf einer Reise von Ihrem Tier leiten, und folgen Sie ihm.
Sehr gut geeignet ist die Musik von Gabrielle Roth (z. B. die Audio-CD *Bones*). Sie hat den wunderbaren 5-Rhythmen-Tanz entwickelt, der Sie in Ihrem Tiertanz unterstützt.

Krafttierstellungen

Der Körpertrance-Prozess führt von den Tierbewegungen und dem Tiertanz zu verschiedenen Körperstellungen, die dafür geeignet sind, Trancezustände zu induzieren. Eingefrorene Haltungen und Krümmungen des Rückens sowie Neigen des Kopfes nach hinten und nach vorne unterstützen die Tranceinduktion. Da unser Körper aus uralten Zeiten eine ungeheuer große Vielfalt an Erinnerungen mitge-

bracht hat, ist es möglich, durch diese Stellungen Prozesse einzuleiten, die schon Jahrhunderte und Jahrtausende in uns eingespeist sind. Folgen Sie diesen tiefen Wegen in ein weites Erfahrungsfeld.
Ich empfehle Ihnen, diese Übungen nur in Begleitung eines Helfers oder einer Helferin durchzuführen. Die Übungen sind weder gefährlich noch besonders schwierig, aber Ihre Helfer können Sie mit Rasseln rhythmisch begleiten. Zudem haben Sie jemanden, der hinter Ihnen stehen und Sie auffangen kann, falls Sie in diesen Stehtrancen nach hinten umfallen sollten. Halten Sie die Anleitungen zu den Krafttierstellungen bitte vollständig und genau ein.

Übung: Bären-Heiler

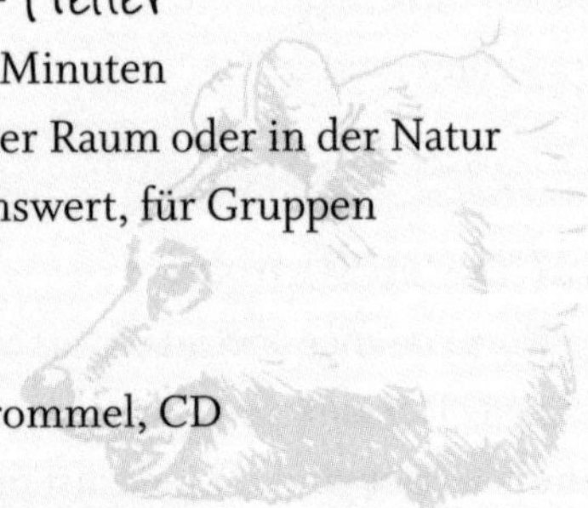

Dauer:	20 bis 45 Minuten
Ort:	geschützter Raum oder in der Natur
Begleitung:	wünschenswert, für Gruppen geeignet
Leitung:	ja
Hilfsmittel:	Rassel, Trommel, CD

- Stellen Sie sich aufrecht hin, die Füße im Hüftabstand voneinander, die Arme lassen Sie einfach hängen.

- Schließen Sie die Augen.
- Atmen Sie 60-mal ein und aus.
- Stellen Sie sich innerlich die Aufgabe, in der Trance mit dem Bären, dem inneren Heiler, in Kontakt zu kommen.

Nach dieser Atemsequenz – die Füße sind nach wie vor auf Hüftabstand – nehmen Sie folgende Stellung ein:

- Gehen Sie etwas in die Knie, und beugen Sie sich leicht nach vorne.
- Nehmen Sie die beiden Hände, und machen Sie vor dem Bauch, etwas oberhalb des Nabels, Fäuste.
- Drücken Sie die unteren Fingerglieder der beiden Hände zusammen. Die Daumen können sich berühren.
- Atmen Sie beschleunigt weiter.
- Halten Sie diese Stellung etwa 20 Minuten, und lassen Sie sich nach hinten umfallen, wenn Sie nicht mehr können oder im Rücken Schmerz entsteht.

Es ist Aufgabe Ihres Helfers, Sie abzufangen und auf den Boden zu legen.

Sollten Sie noch im Trance-Prozess sein, atmen Sie im Liegen weiter beschleunigt ein und aus.
Am Ende der Begegnung zählen Sie von zehn rückwärts bis eins, spüren den Körper und öffnen dann wieder die Augen.

Übung: Jaguar-Seher

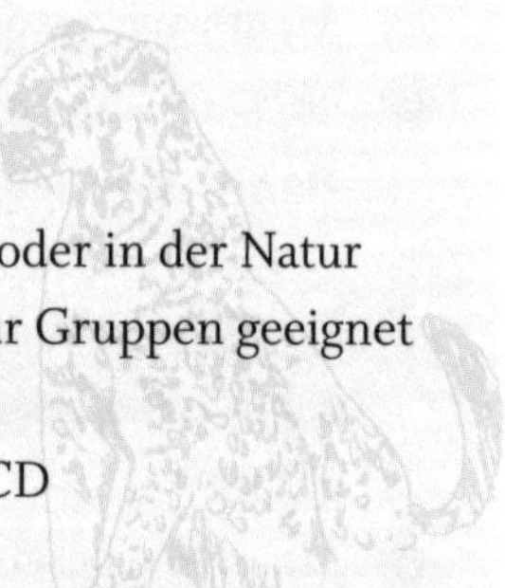

Dauer: 20 bis 45 Minuten
Ort: geschützter Raum oder in der Natur
Begleitung: wünschenswert, für Gruppen geeignet
Leitung: ja
Hilfsmittel: Rassel, Trommel, CD

Probieren Sie die erforderliche Sitzhaltung erst aus, bevor Sie diese Übung machen. Wenn Ihre Füße sehr angespannt sind, brauchen Sie vielleicht ein Kissen unter dem Rist (das ist die Oberseite des Fußes, die auf dem Boden zu liegen kommt).

- Setzen Sie sich auf den Boden, und zwar im Fersensitz, das heißt Sie sitzen auf den Fersen Ihrer untergeschlagenen Beine. Die Zehen und Füße sind ausgestreckt, der Rist berührt möglichst den Boden.
- Legen Sie die Hände auf die Oberschenkel nahe bei den Knien. Die linke Hand ist zur Faust geschlossen.
- Recken Sie den Kopf entweder abweisend nach hinten oder neugierig nach vorne.
- Schließen Sie die Augen.
- Atmen Sie 60-mal ein und aus.
- Stellen Sie sich innerlich die Aufgabe, in der Trance mit dem Jaguar- oder Leoparden-Seher – einem Kraftwesen zwischen Mensch und Tier, das nächtens sehen kann und über feinste Wahrnehmungen der Augen und Ohren verfügt – in Kontakt zu kommen.
- Atmen Sie beschleunigt weiter.
- Halten Sie diese Stellung etwa 20 Minuten.
- Sie können sich bei Bedarf mit und ohne Hilfe nach hinten umfallen lassen. Drehen Sie dabei die Füße so, dass sie Ihnen nicht im Weg sind.

- Wenn Sie sich noch im Trance-Prozess befinden, atmen Sie im Liegen weiter beschleunigt ein und aus.
- Am Ende der Begegnung zählen Sie von zehn rückwärts bis eins, spüren Sie Ihren Körper und öffnen dann wieder die Augen.

Die Anderwelt

Um Krafttierreisen und die schamanische Ritualwelt zu verstehen und zu erleben, muss man wissen, dass das, was wir sehen und was wir für die Wirklichkeit halten, nicht die einzige Wirklichkeit ist.

Was zeichnet nun die sogenannte Anderwelt – bzw. die Anderwelten – aus? Gehen wir einmal davon aus, dass diese unsere Welt eine Antiwelt oder Minuswelt als Gegenbild hat, so wie sich positive Teilchen einer Gegenkraft aus negativen Teilchen gegenübersehen. Sie bedingen einander und erschaffen und beeinflussen sich gegenseitig. Und doch lebt jedes von ihnen ein ganz einzigartiges Leben, das nicht spiegelbildlich ist. Da unsere Welt andere Welten als Gegenbild mit sich trägt, wirken diese Welten, ständig um Ausgleich bemüht, aufeinander ein. Dieses Phänomen der kommunizierenden Welten werde ich in einem anderen Buch über das schamanische Weltbild ausführlich beschreiben. Das Kuriose ist, dass wir die Wirkungen von unserer Seite auf die andere Welt religiös nennen, die Wirkung der anderen Seite auf uns aber magisch-schöpferisch. Das hieße dann, dass eine Krafttierreise auf die andere Welt religiös wirkt. Kommen wir zurück, wirkt sie von dort aus der Anderwelt in unsere hinein und ist dann magisch.

Wer heute ökologisch denkt und die Bedingungen und Abhängigkeiten von lebenden Systemen berücksichtigt und ernst nimmt, bezieht eigentlich die Anderwelt schon in sein Kalkül mit ein.

Weder bedürfen alle Anderwelten unserer Mitwirkung und Beteiligung, noch wirkt unsere Welt in alle Anderwelten hinein. Dennoch ist es so, dass jede Bereitschaft, Wirkung anzunehmen und zu entfalten, zur Balancierung der Welten beiträgt. Deshalb sind Sie auch gefragt, in diesen Prozess der Krafttierreise hineinzugehen und zu erkennen, welchen Einfluss Sie auf die Welt haben. Bleiben Sie aber bitte auf dem Teppich – andere haben auch Einfluss.

Wir wissen, dass es viele Faktoren gibt, die die Dinge auf dieser Welt beeinflussen, aber wir wissen noch nicht, welche Folgen es heraufbeschwört, an der Anderwelt teilzuhaben. Die Folgen – das, was schon ist – sind bereits ein Teil des Bewirkten. Wenn Sie die angebotenen Übungen durchführen und in die Anderwelt hineingehen, beobachten Sie doch, wie aus den Konsequenzen der Reisen für Sie Lebensfreude und tragbare Verantwortung werden.

Die Welt des Unsichtbaren

Sie fragen sich jetzt vielleicht, was Sie mit dem machen, was Ihnen aus der Krafttierreise zufließt, wenn ein Großteil Ihrer Übungen zur Krafttierreise in einem geistigen Raum stattfindet. Die Wirksamkeit könnte einfach die Wirkung der eigenen Gedanken sein, die sich ein Bild schaffen und daraus heilsame Kräfte ziehen. Wenn das so ist, ist es wunderbar. Wer möchte da mehr?!

Sie erleben, dass die Eigenschaften, Erlebnisse, Erfahrungen, die Sie auf dem Weg mit den Krafttieren machen, eine Eindeutigkeit, eine wirkende Wirklichkeit bekommen. Bei der Rückkehr wissen Sie und vergessen auch zum Teil, was Ihnen begegnet ist. Die unmittelbare Begegnung wird für Sie noch wichtiger als das Erinnern. In dem Vergessenen und dem Bleibenden erhält sich etwas, das Sie hier gebrauchen, nutzen, schätzen können und das Ihnen gleichzeitig entgleitet.

Der Raum jener unsichtbaren Welt, an der Sie teilhatten, wird wieder durch den Vorhang Ihrer Realität verschlossen. Manchmal bleibt dieser Vorhang allerdings offen, und ein Zipfel der anderen Wirklichkeit kommt hier in Ihr Leben, wie ein Geruch, ein Hauch, manchmal als synchrones Erlebnis. Als ich von einem schamanischen Wochenende mit der Bahn zurückfuhr, begegnete mir an einem Bahnhof, an dem ich fälschlicherweise ausgestiegen war, ein Graureiher. Er war mit einem Bein in eine Weiche geraten und festgeklemmt. Bahnpolizei und Feuerwehr mussten anrücken, um ihn mit mir zu befreien. Am Tag zuvor hatte ich mit meinen Seminarteilnehmern an Krafttieren gearbeitet, und der Reiher war durch die Erzählung einer meiner Schülerinnen ins Bewusstsein der Gruppe gekommen. Der gefangene Reiher, dieses Lufttier, hatte zu viel Bodenkontakt, er war am falschen Platz und musste durch viel Hilfe gerettet werden. Das Beispiel zeigt noch etwas anderes: Nicht nur wir brauchen Krafttiere, sie brauchen auch uns. Dieser Ausgleich muss immer wieder berücksichtigt werden.

Das Unsichtbare ist für die gemeinsame schamanische Arbeit eine verbindende Ebene. Es geht bei der Krafttierarbeit und der Krafttierreise auch darum, für andere in der Übereinstimmung mit dem Unsichtbaren Krafttiere zu holen oder bei einer Reise für andere Personen aus dem Unsichtbaren in die Wirkung zu bringen.

Um Ihnen noch einmal ein Bild für die unsichtbare Welt und ihre Wirkung zu geben, bitte ich Sie, sich vorzustellen, Sie säßen in einem Raum, der durch eine oder mehrere Türen von anderen abgegrenzt ist. Sie hören durch die Tür Stimmen, Musik, Hundegebell, Wasserplätschern. Die Geräusche könnten von einem Tonträger oder von lebenden

Wesen stammen. Sie öffnen die Tür, bleiben aber in Ihrem Raum. Sie hören weiter unterschiedliche Geräusche, sehen aber durch die geöffnete Türe noch nichts und niemanden. Am Boden nehmen Sie Schatten wahr, die zusammen mit den Stimmen und Geräuschen Sinn machen und Ihnen erlauben, diese als Mensch, Hund oder Möbel zu erkennen. Die Schatten verändern sich, und dann treten die Menschen und der Hund so auf, dass Sie sie durch die geöffnete Türe sehen. Sie grüßen einander, Sie sprechen zu den Personen oder zum Hund. Am Anfang antworten und reagieren diese nicht, da sie mit sich selbst beschäftigt bzw. nicht vertraut mit Ihnen sind. Dann nehmen Sie Kontakt auf, eine Kommunikation entsteht und möglicherweise sogar weitere Reaktionen. Sie sagen einer Person, sie solle das Fenster im Nebenraum öffnen oder die Musik leiser stellen. Wenn das geschieht, haben Sie Einfluss auf das Geschehen in dem anderen Raum. Dann wird die Tür wieder geschlossen. Sie hören die Stimmen, den Hund, die Musik. Sie lesen ein Buch, und die an Ihr Ohr dringenden Geräusche nehmen ab.

Sie haben die andere Wirklichkeit und das Unsichtbare mit Ihrer Konzentration verlassen. Dort im anderen Raum geschieht etwas: manches, was mit Ihnen zu tun hat, manches, was nur Sie nicht betrifft. So wechseln wir unsere Aufmerksamkeiten und unsere Kommunikation mit der Anderwelt.

Überschreiten der Grenze

Das Überschreiten der Grenze ist ein psychisch und seelisch herausfordernder Moment. Es tritt sogar häufig leichtes Reisefieber auf, um uns vor den Ereignissen, die uns dort begegnen werden, zurückzuhalten. Oftmals schrecken Krafttierreisende bei den ersten Versuchen, eine Reise durchzuführen, zurück, da man mit dem Überschreiten der Grenze auch etwas zurücklassen muss: das Ego und die Identifikation mit sich selbst.

Im Idealfall bleibt ein kleiner Bewusstseinsanteil des Reisenden in seinem Körper, während der Großteil hinübergeht und die Grenze überschreitet. Bildhaft gesprochen stehen Sie also geistig auf, lassen Ihren Körper in dem Sessel zurück, in dem Sie ein Buch gelesen haben, gehen in den benachbarten Raum, in dem Sie Stimmen, den Hund und Musik gehört haben, um das dortige Geschehen zu sehen und daran teilzunehmen. Im Nachbarraum bitten Sie vielleicht um einen Kaffee oder um eine Erklärung, vielleicht bekommen Sie beides, vielleicht auch nichts davon.

Mag sein, dass Sie zufrieden oder gar bereichert in Ihr Zimmer zurückkehren. Nun lesen Sie Ihr Buch mit einem anderen Verständnis weiter, weil Ihre Fragen beantwortet wurden, oder Sie gießen stattdessen die Blumen, da Ihnen diese Aufgabe durch ein Wesen im anderen Zimmer gestellt wurde.

Zauber und Magie

Die Magie ist mit den Zauberworten und der Veränderung der Wirklichkeit verbunden. Der Zauber ist zinnoberrot und befeuert die Prozesse, die schon in Gang sind. Der Zauber ist wie das Wunder Teil eines unerwarteten und unglaublichen Veränderns und der Ausdruck von Konzentration und Ausrichtung auf Prozesse und ihre Richtung. Manchmal ist der Zauber wie ein Gegenfeuer zum Feuer, manchmal ist das Zaubern die Beschleunigung einer schon eingeschlagenen Richtung, und oft ist es die Verstärkung des Erwarteten.

Die Magie hingegen ist das Wirken des Zaubers auf uns, die Magie wirkt von den Zauberern und vom Zauber auf uns, sie wirkt von den Naturvorgängen zu uns herüber und wirkt auf die Prozesse unseres Lebens ein, auf solche, die schon in Gang sind, manchmal auch, um sie zu verhindern oder abzumildern.

In den guten Momenten denken wir bei der Magie, es wäre nichts Neues, was uns geschieht, da wir es schon kennen und davon wissen, aber gerade da wird das, was sein soll und darf, weiter unterstützt – das, was schon lange vorher aus dem Unsichtbaren an uns herangetragen wurde. So haben wir manchmal das Gefühl, das Verändern gehe leicht und freiwillig, und manchmal scheint es schwer und nur mit Mühe möglich zu sein. Die Zauberworte, Kraftsprüche, Gebete, Gesänge, die auf den Reisen erworben werden, sind bereits Zeichen der gegenseitigen Einwirkungen und Konsequenzen der Krafttierreisen auf uns und die Umgebung.

Die Welten und Krafttierreisen

Die schamanische Welt hat die geistigen und energetischen Voraussetzungen für die Wahrnehmung eines ganzheitlichen Universums. Bei der schamanischen Arbeit bedeutet das eine erhöhte Verbundenheit mit allem, was in der Welt ist, um Trennungen aufzuheben, Urteile loszulassen und vermeintliches Wissen immer wieder aufzugeben. Aus dem gleichen Geist wird die Welt als unterschiedlich und vielfältig erlebt. In dem ganzen Verbundensein entsteht ein differenziertes Bild der Welt und der Welten durch Achtsamkeit, die erweiterte Wahrnehmung, Trance und Offenheit für spirituelle Eingaben. So ist die schamanische Welt bei aller Verbundenheit voller unterschiedlicher Welten, aus unterschiedlichen Zeiten und Räumen, bevölkert von verschiedenen Wesen und Emanationen.
Für die Krafttierreisen bedeuten die unterschiedlichen Reisemöglichkeiten die Eroberung der Ebenen in der praktischen Welt, in den psychischen Gegebenheiten, dem seelischen Zustand und der spirituellen Entwicklung. Sie dienen dem Eindringen in die Unterwelt, dem Bleiben in

der Mittelwelt und dem Aufsteigen in die Oberwelt. Zu all dem gleich mehr.
Die Himmelsrichtungen und die damit verbundenen Lebensregionen, die Elemente von Erde, Wasser und Luft werden mit den Krafttieren aufgesucht. Selbst das zerstörende Feuer kann bei den Krafttierreisen ein Ort der Begegnung sein. So findet man dort lebende Drachen, Feuervögel, deren Federn dem Träger Kraft geben, den aus dem Feuer wiedergeborenen Basilisken sowie Phoenix, der aus der Asche neu ersteht.
Die verschiedenen Lebensstadien von Paarung, Zeugung, Geburt, Leben und Sterben gehören dazu. Der lineare Entwicklungsweg des tierischen Lebens auf dem Planeten Erde lässt uns bei der Durchdringung von Raum und Zeit auch an tierischem Leben teilhaben, das Hunderte und Tausende von Jahren zurückliegt und wie bei einer Rückführung Inkarnationsstufen des vergangenen Lebens zugänglich macht. So kehre ich mit meinem fliegenden Drachen, einem uralten Krafttier, zurück in ferne Zeiten und schließe mein eigenes Stammhirn, mein Saurierhirn, an die Erkenntnisebenen der Saurierzeit an.
Wenn Sie die überzeugenden Visionen in Tolkiens *Herr der Ringe*, in Licia Troisis *Die Drachenkämpferin* oder Christopher Paolinis *Eragon* gelesen haben, wissen Sie, was ich meine. In einer Welt, die wir mystisch nennen, findet eine Verzauberung der biologischen Welt statt. Dort sprechen

die Wesen und Tiere, führen ein individuelles Leben in der Geschichte, schließen sich an die Menschheit an oder ziehen sich von ihr zurück. Wissen ist Dienen, und Dienen hat Parteilichkeit, Gegnerschaft, Feindschaft und deren Heilung im Blick.

Ebenen

Die Ebenen der schamanischen Welten sind pragmatische Unterscheidungen von Erfahrungen, die Sie bereits in Ihrem Leben gemacht haben. Sie kennen Ihren praktischen Alltag und wissen vermutlich auch, dass Sie aus verschiedenen psychischen Ursachen im Leben so oder anders handeln. Ihnen ist auch die Sehnsucht und die Weite der Seele bekannt. Sie kennen sie und wünschen sich immer wieder dorthin. Die spirituelle Welt heben wir uns oft für das Alter auf, und doch ist sie bei der Sinnfrage in unserem Leben in Krisenzeiten, bei Krankheit, während Ermüdungsphasen und bei akuter Langeweile eine der brennendsten.

Praktische Ebene

Die Krafttierreise bietet Erprobungsebenen für verschiedene Lebensvorstellungen, Befindlichkeiten und Geschichten. So können Sie Variationen des Lebens in den verschiedenen Krafttierreisen in einem Versuchsraum ausprobieren und ihnen schließlich in der Alltagswirklichkeit zur Existenz verhelfen. Erkunden Sie »im Labor«, ob Sie sich stark

genug für diese Emotionen fühlen und ob Sie diese Gefühle und Gedanken wirklich wollen oder mit der Entscheidung, die Sie auf der Reise angeboten bekommen haben, übereinstimmen. Manchmal wollen Menschen nicht einmal, dass sich etwas in ihrem Leben verbessert, und auch das ist in Ordnung. Wenn Sie in der Krafttierreise eine Übereinstimmung mit Ihren Wünschen und Vorstellungen entdecken, können Sie das Erfahrene ins »Freiland«, in die große Welt entlassen. Sie müssen allerdings dann die Konsequenzen tragen. Beim Laborversuch können Sie nicht alle Konsequenzen überprüfen, sodass Sie in der Realität Ihres Alltags manchmal mit Folgen konfrontiert werden, die Sie nicht in Ihrem Entscheidungsprozess bedacht haben.
Fragen Sie ruhig auf Ihren Krafttierreisen, ob Sie Ihre Wohnung, Ihre Beziehungen, Ihre Tätigkeiten ändern sollen und was Sie für Ihr Befinden tun können. Lassen Sie sich beraten, wenn es um Ihre Mitmenschen und um Orte geht. Spüren Sie aus den Tiefen von Instinkt und Erfahrung die Abneigungen, Zuneigungen oder die einfache Neutralität Ihrer Krafttiere.

Innerpsychische Ebene

Die nächste Ebene bei Krafttierreisen ist Ihre psychische Innenwelt mitsamt ihrem Echo. Was Sie erleben, spiegelt sich in der Außenwelt und auch in den Krafttierreisen. Diese Betrachtungsweise – der Fachbegriff lautet Projektion – ist in der kritischen Literatur zu Krafttierreisen und schamanischen Techniken die häufigste Interpretation. Die inzwischen weite Verbreitung von Krafttierreisen und die vielfach nur aus Außenbeobachtung gewonnenen Daten haben die Ansicht begründet, dass Krafttierreisen nur eine unter leicht veränderten Bewusstseinsbedingungen durchgeführte Imagination seien, die psychische Phänomene in Bilder übersetze. Dies ist allerdings ein falsches Verständnis von Krafttierreisen, wenngleich deren positive Auswirkungen auf die Psyche großenteils anerkannt wurden. Die Praktizierenden sind aufgrund der Erfahrung, die sie auf den Krafttierreisen gemacht haben, von deren Wirklichkeit überzeugt. Wir wissen, dass die Kraft der Einbildung groß und heilend sein kann, die Kraft der Wirklichkeit ist jedoch so stark, fühlbar und sichtbar, dass sie in der Erfahrung der Reisenden eine klare Wahrnehmung und Wirkung im Leben hinterlässt.

Vielfach benützen die schamanisch Tätigen Krafttierreisen, um für ihre Fragestellungen des täglichen Lebens Inspirationen und Lösungen zu erhalten. Wenn Sie Krafttierreisen in Zeiten unternehmen, in denen es Ihnen gut geht, sind diese ganz besonders bereichernd. Da entsteht dann ein wunderbarer Zuwachs an innerer Klarheit, Kraft und Freude. Mit dem Ziel, psychische Ganzheit und Gesundheit zu fördern, werden von Heilern und schamanisch Praktizie-

renden vielerorts schamanische Krafttierreisen angeboten und durchgeführt.
Die Tiere spiegeln in ihrer Gesundheit und Vitalität oder aber in Krankheit und Konflikt Ihre eigenen psychischen Vorgänge, Ihren persönlichen Gesundheitszustand oder Ihre sozialen Verhältnisse wider. Die positive und aktive Qualität der Krafttierreisen erlaubt es Ihnen, den Zustand und die Lebensumstände Ihrer Tiere zu ändern. Dadurch entwickelt sich für Sie und Ihr Leben eine Rückkopplung, die klärend und lösend in Ihre Konfliktsituation hineinwirkt.
Sie kümmern sich bei der Krafttierreise um die Versorgung des Tieres mit Nahrung, um den Schlaf und die Bewegung. Sie begleiten Ihr Tier bei der Wanderung, beim Flug oder bei täglichen Verrichtungen. Der Zustand seines Fells, seiner Zähne oder seiner Muskeln gibt Ihnen Auskunft über seine Gesundheit und Befindlichkeit. Wenn Sie lernen, Ihr Tier nach seinen Bedürfnissen zu fragen und für diese zu sorgen, dann befruchten Sie Ihr eigenes Leben und stärken das Leben Ihres Krafttieres.
Viele Krafttierreisende haben diese Wirkung auf ihr Leben als sehr positiv und für ihre Lebendigkeit fördernd empfunden. Themen wie Einsamkeit, Partnersuche, Arbeitstempo, Entscheidungen, Gesundheitsvorsorge oder Psychohygiene sind Felder, bei denen so Wachstum, Veränderung und Neuorientierung möglich sind. Für die psychische Gesundheit

liefern die Kraft- und Totemtiere animalische Lebensenergie. Die Vitalität und das instinktmäßige Verhalten, das in unsere Intuition mündet, machen uns selbständiger und widerstandsfähiger. Unser Verhältnis zu anderen, auch im Hinblick auf Sexualität, bekommt neue Impulse. C. G. Jung hat in seinen tiefenpsychologischen Schriften *(Traumsymbolik und Individuation)* viele Tiere als Symbole und Entwicklungsausdruck der Individuation beschrieben. Damit, auch wenn er den Begriff des Schamanischen nur selten verwendet hat, hat er psychische Entwicklungen des Menschen beschrieben, die durch den Hund, den Drachen, das Pferd oder andere Tiere zur Reife gelangt sind und im Tier ihren geeigneten Ausdruck fanden.

Seelenebene

Die Krafttierreise findet auch auf seelischer Ebene statt. Hier werden weit über das psychische Erleben hinaus Beziehungen zu Ihrem großartigen Seelenraum eröffnet. Ziel ist es, die beste Ausformung Ihres eigenen, einzigartigen Wesens zu erreichen, jenes Wesens, das Sie schon immer waren! Dazu dienen die spirituellen Erfahrungen, die durch die Krafttierreisen in Ihr Leben geholt werden. Dieses Wesen, Ihr himmlischer Doppelgänger, ist Ihr wahres »Alter non Ego«, also Ihr »vertrautes Nicht-Ich«. Ihr Ich kann diesem himmlischen und ichlosen Doppelgänger immer ähnlicher werden, wenn Sie die Sprache der Tiere in der

Krafttierreise verstehen und den natürlichen und instinktiven Verhaltensregeln und Verhaltensweisen sowie den Zu- und Abneigungen Ihrer Kraft- und Totemtiere folgen. In Ihren Krafttierreisen entwickeln Sie geeignete Fragen, treffende Antworten, sichere Verhaltensvorschläge, und es stellen sich Wirkungen ein, die den Widerstand und die Verurteilung Ihrer seelischen Absichten durch das Ego verringern, unterbinden, umkehren. Die Tiere sind dabei ein Ausdruck von klassischer Ichlosigkeit, die animiert und stärkt. Sie lernen von ihnen den Weg der Egolosigkeit und ahmen ihn nach.

Spirituelle Ebene

Auf der spirituellen Ebene der Krafttierreisen erleben wir die Einmaligkeit des Lebens als den schützenswerten Ausdruck der Schöpfung und als Anerkennung der Absicht der Welt.

Die Tiere helfen uns, unsere Urteile hinter uns zu lassen und jede Lebensform und Lebensart zu würdigen. Dabei verlassen wir die Kategorien von notwendig, nützlich, hässlich, eklig, gefährlich, schön oder bekannt. Dies ist auch ein Weg, auf dem wir zu Liebe, Anerkennung, Beachtung und Einverständnis gelangen. Wie oft habe ich schon Menschen bei der Krafttierreise vor Schlangen ängstlich oder voller Ekel zurückweichen sehen und dann in der Folge erleben dürfen, wie dieses Tier ihnen Mut, Gesundheit und tiefe

Einsichten in ihr Leben geschenkt hat! Die letzte Übung in diesem Buch ist deshalb der Schlange gewidmet.
Der spirituelle Aspekt der Krafttierreisen liegt in dem Erleben der Einheit der Schöpfung, der Übereinstimmung mit dem, was ist, der Erkenntnis, dass die Größe der Natur noch im kleinsten Lebewesen zu finden ist, der Ruhe, die Sie erfahren können, und, als einer der heilsamsten Erfahrungen, die wir in den Krafttierreisen überhaupt machen können, dem Ja zum Leben.

Drei Welten

In der schamanischen Weltsicht werden drei Welten unterschieden. Diese leiten sich von unseren dreidimensionalen Erfahrungen her und erhalten durch weitere Welterfahrungen auf dem schamanischen Weg ihre Differenzierung.
Hier finden wir die Begriffe Mitte, Oben und Unten. Verdeutlicht werden kann dies durch das Bild eines Baums: Die Wurzeln entsprechen der Unterwelt, der Baumstamm unserer Lebenswelt, und die Krone der Himmels- und Oberwelt. Hier wiederum entsprechen die Wurzeln dem Kopf, was zunächst paradox klingen mag. Dies ist folgendermaßen zu verstehen: Jedes Wesen isst mit dem Mund, und dieser befindet sich im Kopf. Die Krone des Baumes sind dann die Füße und der Baum ist selbst der Antipode des Menschen. Der Stamm ist in dieser Übertragung der Körperrumpf.

Wie bei jeder Weltkarte entsteht eine Behauptung, die zwar der Orientierung dient, aber nur eine in begrenztem Maße verwertbare Abbildung der Wirklichkeit darstellt. Bleiben wir beim Baum als Beispiel, so sind weitere Welten ausgedrückt durch die nahrungssuchenden und permeablen Wurzelspitzen, die geschützten Wurzeln und ihre Hülle, den Stamm mit Rinde, Kambium und Herz sowie die Krone mit Ästen, Zweigen und Blättern. Aber beispielsweise auch der Blick aus biologischer Beobachtung, aus mythischer Sicht, aus holzverarbeitender Bewertung ändert die Welt des Baumes und uns. Diese Blicke legen verschiedene Weltanschauungen und Weltenzusammenhänge offen und ändern auch die Welt des Baumes, vor allem durch die Einwirkung derer, die den Baum betrachten oder nutzen.
Für den Einstieg ist die schamanische Welt der drei Ebenen sehr gut geeignet. Später kann sie durch genauere Karten und weitere Erlebnisse vergrößert und vertieft werden. Dafür wurde eine Reiseart entwickelt, die mit Trommelrhythmen und Rasselklängen die geistige Bereitschaft fördert, in veränderte Bewusstseinsstufen hinüberzugleiten.
Die drei schamanischen Welten eignen sich für Krafttierreisen. So wie wir auch bei den Energiezonen schon Ebenen entdeckt haben, die über diese drei Welten hinausgehen, so gibt es auf den schamanischen Reisen auch noch weitere Welten, die aber im Folgenden nicht näher beschrieben werden.

Zwar beschäftigt sich die vorhandene Literatur vor allem mit der Reise in die Unterwelt, doch gehört ebenso zur schamanischen Praxis, in die beiden anderen Welten zu reisen. Schamanen zeigen in der Trance durch das Besteigen des Baumes den Weg in die Oberwelt. Die Mitte wird deutlich gemacht, indem die Ritualteilnehmer mit konkreten Vorschlägen und Reaktionen des Schamanen bedacht werden.

Wenden wir uns also den drei Ebenen zu und gehen anschließend darauf ein, wie wir mit dem gleichen Krafttier in den unterschiedlichen Welten reisen können oder mit unterschiedlichen Krafttieren die drei Welten in die Wirksamkeit holen.

Unterwelt

Man stellt sich bei der Unterwelt schon vom Namen her vor, dass sie mit Dunkelheit, Finsternis, Erdgängen und Höhlen zu tun haben könnte. Die Krafttierreisen führen Sie als Reisenden durch einen natürlichen Eingang. Sie betreten einen Gang, eine Erdröhre, einen Tunnel durchs Erdreich, dessen anderes Ende sich in eine andere Wirklichkeit öffnet. Dort geht es dann meist wieder in einer natürlichen Umgebung auf der Erdoberfläche oder auf der Erde selbst weiter. Am Ende kehren die Reisenden auf demselben Wege wieder zum Eingang zurück. Von Mal zu Mal kommen Sie bei den Unterweltreisen zu den unterschiedlichsten Ergebnissen.

Übung: Unterweltreise

Die Reise in die Unterwelt bedarf der Vorbereitung. Dazu gehört, dass Sie sich möglichst vor der Reise über die Bedeutung und den Inhalt der Reise Gedanken machen, die Wünsche, vor allem aber die Ziele definieren, selbst wenn sie während der Reise verändert werden sollten oder gänzlich anders ausfallen. Es ist erforderlich, zumindest die Dauer der Reise und die Rückkehr zu bestimmen. Unterstützen Sie die Reise mit Trommel- oder Rasselrhythmen.

Dauer:	20 bis 45 Minuten
Wiederholung:	immer wieder, möglichst regelmäßig, auch in Trommelgruppen
Ort:	geschützter Raum oder in der Natur
Begleitung:	wünschenswert, für Gruppen geeignet
Leitung:	wünschenswert
Hilfsmittel:	Rassel, Trommel, CD

- Zählen Sie bis 60, atmen Sie dabei 60-mal ein und aus.
- Stellen Sie sich einen Eingang oder ein Loch in die Erde vor.

- Sie können Ihre Größe verändern und in diese Öffnung eindringen.
- Bewältigen Sie auf Ihre Art und Weise diesen unterirdischen Weg.
- Sie kommen auf der anderen Seite des Weges auf der Erdoberfläche an.
- Dort erwartet Sie vielleicht schon das Tier oder ein Wesen, oder Sie müssen sich erst auf die Suche machen oder einem anderen Impuls folgen.
- Fragen Sie das Wesen nach dem Namen, nach seinen Eigenschaften, nach Wegen, danach, welche Bedeutung es für Sie hat und was es seinerseits von Ihnen brauchen könnte. Die Krafttierreise beruht auf Gegenseitigkeit.
- Begleiten Sie das Tier, wohin es will.
- Folgen Sie ihm zu Fuß, setzen Sie sich auf seinen Rücken, lassen Sie sich in seinen Krallen halten.
- Seien Sie neugierig, und fragen Sie. Antworten der Tiere sind freiwillig. Nehmen Sie die Antworten, die Sie bekommen, fragen Sie aber auch nach.
- Lernen Sie die Landschaft, in der Sie sich befinden, kennen, und lassen Sie sich darüber aufklären. Erstellen Sie sich eine innere Landkarte. Sie

brauchen diese Kenntnisse bei späteren Reisen wieder, und Sie können sie mit Ihrem Krafttierkreis, den Sie noch bearbeiten werden, in Zusammenhang bringen.

- Wenn die Reise Ihretwegen oder des Tiers wegen beendet wird, bedanken Sie sich.
- Fragen Sie danach, was Sie noch wissen müssen, wann und wie Sie zurückkommen können und wie Sie das Tier in Zukunft rufen sollen, damit es Kontakt mit Ihnen aufnimmt.
- Klopfen Sie dreimal auf einen festen Untergrund.
- Schreiben Sie das in Ihr Reisetagebuch!

Mittelwelt

Die Mittelwelt ist eine Variation des ewig gleichen Alltags. Wie der Stamm des Baumes ist sie kräftig und vermittelt zwischen den Fähigkeiten des Kopfes und der Kraft der Füße. Die Mittelwelt berichtet von der Erfahrung des Seins, der Arbeit, der Umgebung, der Familie, der Politik und der uns umgebenden Landschaft. Sie erscheint uns mit den bekannten Fallen und Hindernissen wie Lüge, Verrat und Verschweigen, birgt jedoch kein weiteres Geheimnis.

Die Tiere der Mittelwelt, wie die Haus- und Wildtiere unserer bekannten Umgebung, sind Ihnen aus Ihren einfachen Alltagsbegegnungen vertraut und geben Ihnen nuancenreich Auskunft über ihr Verhalten und ihre Beziehung zu Ihnen.

Übung: Mittelweltreise

Führen Sie die Mittelweltreise sitzend, zum Beispiel auf einem Stuhl, oder liegend durch. Wenn Sie im Freien sind, suchen Sie sich einen bequemen Platz. Beginnen Sie mit einer gleichmäßigen Atmung. Diese Reise kommt eher einer Imagination gleich, daher können Sie, wenn Sie in der schamanischen Wahrnehmung sind, die Sie durch den regelmäßigen Atem herbeigeführt haben, auf die Straße oder in die Natur gehen und am Alltagsleben teilhaben. Dies erfordert Ihre halb wache, halb tranceartige Aufmerksamkeit. Benützen Sie allerdings keinesfalls ein Verkehrsmittel. Wenn Sie sich bei der ersten Mittelweltreise begleiten lassen, ist das für Sie sicherer.

Dauer:	20 bis 45 Minuten
Wiederholung:	immer wieder, auch beim Tanzen, auch in schamanischen Trommelgruppen

Ort:	geschützter Raum oder in der Natur
Begleitung:	wünschenswert, für Gruppen geeignet
Leitung:	wünschenswert
Hilfsmittel:	Rassel, Trommel, CD

- Atmen Sie 60-mal ein und aus, und zählen Sie dabei innerlich mit.
- Stellen Sie sich vor, dass Sie durch Ihre Wohnungs- oder Haustüre in die Welt hinaustreten oder sich von dem Ort, an dem Sie sich befinden, in die Welt hineinbewegen.
- Bewältigen Sie auf Ihre Art und Weise diesen irdischen Weg.
- Hier erwartet Sie vielleicht schon das Tier oder ein Wesen, oder Sie müssen sich erst auf der Erde, in dieser oder einer anderen Umgebung, auf die Suche machen oder auch einem anderen Impuls folgen.
- Fragen Sie das Wesen nach seinem Namen, seinen Eigenschaften, nach Wegen, danach, wozu es in Ihr Leben tritt und was es von Ihnen brauchen könnte. Die Krafttierreise beruht auf Gegenseitigkeit.
- Begleiten Sie das Tier oder das Wesen, wohin es

will. Folgen Sie ihm zu Fuß, setzen Sie sich auf seinen Rücken, lassen Sie sich in seinen Pfoten halten.

- Seien Sie neugierig, und fragen Sie. Antworten des Tieres sind freiwillig. Nehmen Sie die Antworten, die Sie bekommen, fragen Sie aber auch nach.
- Lernen Sie die Landkarte der Umgebung, in der Sie sich befinden, kennen und lassen Sie sich darüber aufklären, wo Sie sich befinden. Sie brauchen diese Kenntnisse bei späteren Reisen wieder, um etwa das Krafttier einer anderen Person zu suchen.
- Wenn die Reise Ihretwegen oder wegen des Tiers bzw. des Wesens zu Ende geht, bedanken Sie sich. Fragen Sie nach dem, was Sie noch wissen müssen, wann und wie Sie zurückkommen können und wie Sie das Tier in Zukunft rufen sollen, damit es bei Ihnen auftaucht.
- Klopfen Sie dreimal auf einen festen Untergrund.
- Schreiben Sie Ihre Erlebnisse in Ihr Reisetagebuch!

Oberwelt

Die Oberwelt ist die Baumkrone sowie auch der Luft- und Himmelsraum über ihr. Auf und in ihr lebt ein Großteil der Tiere, denen wir auf anderen Krafttierreisen auch begegnen – Vögel, Echsen, Flugsäugetiere, alle kletternden Tiere und Insekten.

Sie steigen jetzt nicht nur in die Krone des Baumes, sondern auch darüber hinaus in die Luft, durch die Wolken, in den Himmel hinein. In den dreidimensionalen Vorstellungen der Menschen stellt sich die Oberwelt als Himmel dar, zu dem man nach oben deutet.

Aber das schamanische Denken funktioniert anders: Diese Oberwelt umgibt uns rundherum. Dennoch spiegelt die Bezeichnung »oben« durchaus eine Hierarchie wider, und zwar insofern, als dieser Raum durch andere Gesetzmäßigkeiten gekennzeichnet ist.

Übung: Oberweltreise

Wir können uns der Oberwelt auf mehrere Arten nähern: sei es über die gängigen Vorstellungen wie Treppen oder Strickleitern, die nach oben führen, oder Sie lassen sich durch Wesen oder Tiere in die Höhe heben. Vielleicht ziehen Adler Sie am Anzug oder am Sommerkleid in die Lüfte, und Sie schweben bis über die

Wolken in den grenzenlosen Himmel. Oder Sie werden bei der Oberweltreise selbst zum fliegenden Tier.

Dauer:	20 bis 45 Minuten
Wiederholung:	immer wieder, möglichst regelmäßig, auch in schamanischen Trommelgruppen
Ort:	geschützter Raum oder in der Natur
Begleitung:	wünschenswert, für Gruppen geeignet
Leitung:	wünschenswert
Hilfsmittel:	Rassel, Trommel, CD

- Am besten liegen Sie auf dem Boden.
- Atmen Sie 60-mal ein und aus, und zählen Sie dabei innerlich mit.
- Stellen Sie sich vor, dass von Ihrem Nabel ein Seil, eine Strickleiter, eine Treppe in den Himmel führt. Es kann auch sein, dass Sie sich selbst zum Fliegen entscheiden. Bewältigen Sie diesen Weg in die Höhe auf Ihre Art und Weise.
- Vielleicht erwartet Sie schon ein Tier oder ein Wesen am Aufstieg. Der Aufstieg dauert so lange an, bis Sie in der Oberwelt ankommen.

- Dort erwartet Sie ein Wesen oder ein Tier.
- Fragen Sie das Wesen nach seinem Namen und seinen Eigenschaften, nach seiner Aufgabe in Ihrem Leben und welche Botschaften für Sie vorliegen.
- Fragen Sie auch, was das Tier von Ihnen brauchen könnte. Die Krafttierreise beruht auf Gegenseitigkeit.
- Begleiten Sie das Tier auf allen Wegen. Folgen Sie ihm zu Fuß, setzen Sie sich auf seinen Rücken, lassen Sie sich in seinen Krallen halten, oder fliegen Sie selbst mit.
- Seien Sie neugierig, und fragen Sie. Die Antworten des Tiers sind freiwillig. Nehmen Sie die Antworten, die Sie bekommen, fragen Sie aber auch nach.
- Lernen Sie die Landkarte der Umgebung des Himmels, in der Sie unterwegs sind, kennen, und lassen Sie sich darüber aufklären, wo Sie sich befinden. Sie brauchen diese Kenntnisse bei späteren Reisen wieder. Sie müssen möglicherweise den Berg oder den Wald wiederholt besuchen, da dort Aufgaben auf Sie warten.

- Wenn die Reise Ihretwegen oder wegen des Tiers zu Ende geht, bedanken Sie sich. Fragen Sie danach, was Sie noch wissen müssen, wann und wie Sie zurückkommen können und wie Sie das Tier in Zukunft rufen sollen, damit es Kontakt zu Ihnen aufnimmt.
- Klopfen Sie dreimal auf einen festen Untergrund, wenn Sie zurückkehren.
- Schreiben Sie Ihre Erfahrungen in Ihr Reisetagebuch!

Die Elemente

Die natürlichen Elemente Erde, Wasser und Luft sind auch die Aufenthaltsorte unserer Krafttiere. Manche Tiere gehören nur einem dieser Elemente an, andere allen dreien. Denken Sie beispielsweise an Amphibien, die sowohl das Wasser wie auch das Land bewohnen und das Larvenstadium sogar ausschließlich im Wasser verbringen wie etwa die Kaulquappe, die später eine Metamorphose zum Frosch durchläuft. Als solcher fängt er dann seine Nahrung in allen drei Elementen. Enten können fliegen, schwimmen, tauchen und gehen, sie sind zu Wasser, zu Land und in der Luft unterwegs. Andere Tiere hingegen überleben nur in einem Element, etwa die Fische.

Eine Teilnehmerin von Krafttierreisen war in einer schier ausweglos scheinenden wirtschaftlichen Lage und sah keine Möglichkeit, diese Situation mit ihrer beruflichen Tätigkeit zu ändern. Die Ente, die ihr bei der Wasserreise begegnete, eröffnete ihr einen neuen Blick auf weitere Talente, und so konnte sie andere Erwerbsmöglichkeiten entdecken, die sie bisher nicht in Betracht gezogen hatte. Dank dieser Krafttierbegegnung veränderte sich schon mittelfristig ihre finanzielle Situation.

Es gibt Tiere wie die Segler, die die größte Zeit ihres Lebens in der Luft verbringen, dort ihre Nahrung aufnehmen, und manche schlafen auf weiten Wegen sogar in der Luft. All das zeigt uns vielfältige Lebensweisen. So können Sie sich vielleicht vorstellen, welchen Einfluss Ihr Krafttier auch auf Ihr berufliches Fortkommen, Ihre familiäre Situation, Ihre Gesundheit und die Art der Nahrungsaufnahme auf Sie hat. Seine Geschicklichkeit ist ein Bestandteil davon, wie für Ihr Überleben gesorgt ist, und deshalb stellen auch verschiedene Krafttiere für Sie eine Ausweitung Ihrer Möglichkeiten dar.

Wie Sie noch sehen werden, spielt auch das vierte Element, das Feuer, in den Tierreisen eine Rolle.

Wasser

Wasser: süß, brackig oder salzig, klar oder trüb, bewegt oder still. In all den Wasserinseln und im Meer befinden sich

Abertausende von Lebewesen, wohl noch mehr als auf dem Land, darunter von uns so geliebte Tiere wie Delfine und Wale, Seehunde und Seekühe, solche wie Seepferde, die uns durch die Form begeistern, oder solche, die wegen ihrer Gefährlichkeit unsere Aufmerksamkeit erregen wie Hai und Muräne oder Seeschlange und Stachelrochen. Das Wasser beherbergt Lebewesen unterschiedlichster Größe vom Blauwal bis zu Krebsen. Wenige Menschen bei uns sind unmittelbar den Tieren im Wasser ausgesetzt. Die ganze Welt weint, wenn das Meer vergiftet wird, die Strände verschmutzt sind und Plastikmüll auf den Wogen treibt, wegen der großen Bedeutung, die das Wasser an sich und seine Tier- und Pflanzenwelt für uns haben. Schließlich stellt es nichts Geringeres dar als unsere Herkunft.

Wenn Sie eine Krafttierreise in die Wasserwelt antreten, erwartet Sie etwas absolut Ungewöhnliches. Selbst erfahrene Taucher haben bei den Krafttierreisen im Wasser faszinierende Begegnungen.

Ich selbst bin bei einer schamanischen Reise einmal ins Meer gegangen, um mich von alten Bindungen zu reinigen. Während ich nackt im Wasser war und vor Freude tauchte und schwamm, wurde ich von einem Delfin umrundet, bis er immer mehr meine Nähe suchte. Es gelang mir, seine Flosse zu berühren, und er zog mich durch das Wasser. Manchmal bekam ich gar keine Luft und wurde so schnell und tief ins Wasser gezogen, dass es mir bange war. Aber die Begegnung erheiterte mich und erhellte mein Befinden. Später erlebte ich bei wiederholten Begegnungen mit dem Delfin viele heilende Momente, die vor allem in geschenkter Freude bestanden. Diese Kraft des Delfins wende ich heute sehr gerne bei schwierigen Situationen in der Heilarbeit in meiner Praxis an, um die Freude am Leben, am Spiel, an der Begegnung hereinzuholen. Dabei rufe ich den Delfin, um dessen positiven Effekte an den Klienten oder die Klientin weiterzuleiten. Meist zaubert dies ein Lächeln auf deren Gesicht und macht sie ruhig und ausgeglichen.

Übung: Wasserreise

Dauer:	20 bis 45 Minuten
Ort:	geschützter Raum oder in der Natur
Begleitung:	wünschenswert, für Gruppen geeignet
Leitung:	keine
Hilfsmittel:	Rassel, Trommel, CD

- Begeben Sie sich gedanklich oder wirklich an ein Ihnen bekanntes Gewässer. Sie können dort sitzen oder liegen.
- Bitten Sie darum, von den Wassergeistern sanft behandelt zu werden.

- Atmen Sie ruhig ein und aus, und konzentrieren Sie sich darauf, im Geist ins Wasser einzutauchen. Tun Sie dies an einer relativ ruhigen Stelle, indem Sie langsam ins Wasser steigen oder kopfüber hineinspringen.
- Wenn Sie eingetaucht sind, atmen Sie weiter.
- Tauchen Sie im Wasser, schwimmen Sie durch den ganzen See oder ins Meer hinaus.
- Es begegnen Ihnen dort nicht nur Krafttiere, sondern viel Lebendiges. Seien Sie freundlich, aufmerksam und gesprächsbereit, wenn ein Tier mit Ihnen Kontakt aufnimmt.
- Fragen Sie es nach seinem Namen, danach, welche Wirkung es in Ihrem Leben entfalten wird. Es wird auch darum gehen, was Sie von Ihrem Krafttier bekommen und umsetzen können. Fragen Sie es auch, was Sie ihm Gutes tun können. Die Krafttierreise beruht auf Gegenseitigkeit.
- Bevor Sie erschöpft sind oder wenn Sie oder das Tier genug haben, lassen Sie sich nach oben treiben bzw. tauchen Sie auf.
- Wenn Sie das Ufer erreicht haben, berühren Sie den Boden dreimal.
- Schreiben Sie Ihre Erlebnisse auf.

Krafttiere, die dem Wasser zugeordnet sind, ermöglichen es den Reisenden sehr oft, andere Welten zu besuchen, die ihnen märchenhaft fern und unwirklich erscheinen. Dieser Zauber gleicht einem Rausch, und doch ist er wirklich. Wasserreisen können Ihnen auch einen tiefen Seelenraum eröffnen, in dessen dunkle Tiefe Sie erst tauchen müssen. Zur Begleitung von Psychotherapien stellen sich Wassertiere gerne ein, um den Betreffenden dabei zu helfen, sich in die unbekannten Bereiche des Wassers und damit der Seele zu begeben.

Erde

Die Erde ist ein wunderbarer Ort für uns und alle Lebewesen. Das, was die Erde hervorgebracht hat an Fauna und Flora, ist so vielfältig und schön, dass wir es feiern sollten. Die Erde nährt uns und die Krafttiere in jeder Hinsicht. Sie beschenkt uns mit einer Fülle von heilsamen Angeboten. Nehmen Sie die Geschenke an, die sie Ihnen wie aus einem Füllhorn zuteilwerden lässt, und fühlen Sie sich zu Hause, wenn Sie geerdet und fest verankert Boden unter den Füßen spüren.

Für die kleinsten Insekten genauso wie für Bären ist die Erde Wohnstatt und Lebensraum. Ameisen und Eidechsen, Wachteln und Rehe – alles lebt und liebt auf der Erde, genauso wie wir Menschen. Es gibt Tiere, die das ganze Leben im Dunkel der Erde verbringen, wie der Nacktmull, andere, die zeitweise dort sind, wie Erdkröten und Mäuse, und schließlich solche, die sich ständig auf der Erde bewegen wie Pferde und Rinder.

Diese intensive Verbindung mit der Erde ist das, was uns bei der Krafttierreise guttut, da wir in unserem zivilisierten Leben vielleicht nur selten die Erde mit den Händen berühren, ihren Duft einatmen und die Lebewesen, die in ihr leben, beobachten. Graben wir mit den Händen im Boden? Ernten wir direkt von der Erde? Legen wir uns auf die Grasnarbe oder den Waldboden? Die Tiere der Krafttierreisen bringen uns unserer Heimat, unserer Mutter Erde, wieder näher. Versuchen wir doch auch, bei der Unterweltreise so schnell wie möglich wieder auf die andere Seite der Welt zu kommen.

Bei der Erdreise verbinden wir uns mit dem Lebewesen Erde, und durch ihre Bewohner kommen wir ihr noch näher. Dabei können Ihnen unterschiedlichste Krafttiere begegnen. Lassen Sie sich führen, und legen Sie sich vor der Krafttierreise nicht mit einem Ziel fest. Vielleicht geschieht wie so oft beim schamanischen Arbeiten anderes, als Sie erwarten. Erwarten Sie lieber nichts und doch alles.

Übung: Erdreise

Dauer: 20 bis 45 Minuten
Ort: geschützter Raum oder in der Natur
Begleitung: wünschenswert, für Gruppen geeignet
Leitung: keine
Hilfsmittel: Rassel, Trommel, CD

- Begeben Sie sich tatsächlich oder gedanklich auf den Erdboden. Sie können dort sitzen oder liegen.
- Bitten Sie darum, von den Erdgeistern sanft behandelt zu werden.
- Atmen Sie ruhig ein und aus, und konzentrieren Sie sich darauf, dass Ihnen bei der Erdreise Krafttiere begegnen, die Sie weiter begleiten.
- Gehen Sie im Geiste durch ein Erdloch in die Erde, oder wandern Sie auf der Erde.
- Dort begegnen Ihnen nicht nur Krafttiere, sondern auch viel anderes Lebendiges. Seien Sie freundlich, aufmerksam und gesprächsbereit, wenn Sie bemerken, dass ein Tier mit Ihnen speziell und gezielt Kontakt aufnimmt.
- Begegnen Sie einem Krafttier, fragen Sie erst nach seinem Namen, danach, welche Wirkung es

in Ihrem Leben entfalten wird, und schließlich, wie Sie dem Krafttier Gutes tun können.

- Bevor Sie erschöpft sind oder wenn Sie oder das Tier genug haben, trennen Sie sich, und gehen Sie zurück an den Anfang. Sagen Sie dem Tier, dass Sie wiederkommen.
- Wenn Sie den Ausgangspunkt erreicht haben, klopfen Sie dreimal auf den Boden.
- Schreiben Sie Ihre Erlebnisse auf!

Wenn Sie von der Erdreise mit Ihrem starken Krafttier zurückkommen, können Sie eine helle Freude mit Ihrem Körper erleben. Lassen Sie sich von der irdischen Erotik anstecken, und lassen Sie es zu, den Hunger auf Essen, Fülle und Freude zu spüren. So manches magersüchtige Mädchen hat bei der Bekanntschaft mit ihrem Erdtier wieder Halt und Anlass gefunden, sich langsam aus dem sonst nie enden wollenden Stadium des Kasteiens und der Selbsttötungsabsicht herauszubegeben.

Luft

Die Luft ist ebenfalls erfüllt von Tieren. Auch sie sind auf der Erde beheimat, doch sie sind frei, sich bis in bestimmte Höhen von ihr zu lösen. Viele der Lufttiere sind von großer

Bedeutung für die Krafttierreisen, vor allem die Vögel: Adler, Geier, Kondor, Falke, Kranich, Reiher, Krähe und die nachtsichtigen Eulen; unter den Insekten sind es besonders die Schmetterlinge und die Libellen; und nicht zu vergessen eines der wenigen fliegenden Säugetiere: die Fledermaus. Ihre Fähigkeit abzuheben und einen objektiven Blick auf die Gegebenheiten der Erde zu werfen, ist eine große Hilfe bei Problemen und Konflikten und lässt Ihnen neuen Spielraum für Entscheidungen, die Sie vorher nicht einmal in Erwägung gezogen haben. Während tagsichtige Helfer den Alltag mit scharfem Auge mustern – das hat übrigens auch schon zu schmerzlichen Erkenntnissen geführt, die lieber unerkannt geblieben wären, aber dennoch richtig und wichtig waren –, zeigen Ihnen die nachtsichtigen Tiere Ihre dunklen Seiten. Die an sich selbst wahrzunehmen, lässt uns auch gegenüber den ungeliebten Eigenschaften und Handlungen der Mitmenschen milder werden.
Vögel wie der Adler sind eher Einzelgänger oder als Paar unterwegs, andere, wie Kraniche, Krähen und Graugänse, in großen Gruppen und sozialen Verbänden. Erwerben Sie diese Kompetenzen, um Ihr eigenes Lebensspektrum zu erweitern!

Übung: Luftreise

Dauer:	20 bis 45 Minuten
Ort:	geschützter Raum oder in der Natur
Begleitung:	wünschenswert, für Gruppen geeignet
Leitung:	keine
Hilfsmittel:	Rassel, Trommel, CD

- Begeben Sie sich im Sitzen oder im Liegen gedanklich in die Lüfte.
- Bitten Sie darum, von den Luftgeistern sanft behandelt zu werden.
- Atmen Sie ruhig ein und aus, und konzentrieren Sie sich darauf, dass Ihnen die Luft Krafttiere zuführt, die Sie weiter begleiten werden.
- Entweder fliegen Sie selbst, oder Sie werden von einem Krafttier abgeholt und in den Krallen oder auf dem Rücken mitgenommen.
- Wenn sich Ihnen ein Tier nähert, dann verhalten Sie sich so, dass Sie freundlich, aufmerksam und gesprächsbereit sind. Zappeln Sie nicht, wenn Sie getragen werden.
- Fragen Sie bei einer Begegnung mit Ihrem Krafttier nach seinem Namen, welche Wirkung es

in Ihrem Leben entfalten wird und wie Sie ihm Gutes tun können.

- Sie merken, wenn es genug ist. Dann gehen Sie zurück an den Anfang.
- Haben Sie den Ausgangspunkt erreicht, klopfen Sie dreimal auf den Boden.
- Schreiben Sie Ihre Erlebnisse auf!

Feuer

Auf den Reisen können Ihnen auch mythische Tiere und Wesen begegnen. Und so begeben Sie sich bei der Feuerreise ganz in die Dimension der Tiermythen und der damit verbundenen Mischwesen: des wiedergeborenen Feuervogels Phönix, der Drachen, die so vielen Helden zu Ruhm verholfen haben, oder des Salamanders, dem Magier und Mittler der Materieverwandlung. Deren Kräfte können Sie mit uralten Quellen Ihres eigenen Lebens, mit der Tradition Ihrer Familie und mit den Mythen Ihrer ethnischen oder nationalen Herkunft bekanntmachen.

So hatte ein Krafttierreisender eine Begegnung mit dem Bukephalos, dem Streitross von Alexander dem Großen. Ihm war weder das Streitross bekannt, noch hatte Alexander für ihn irgendeine Wichtigkeit. Als er allerdings dessen ganze Bedeutung mit der erspürten Kraft des Pferdes verband,

fühlte er sich für die vor ihm liegenden Aufgaben wohl gerüstet.
Die Feuerreise kann Sie auf Vulkaninseln, zu heißen Quellen und zu Geysiren bringen. Verlassen Sie die Erde, und reisen Sie auf den Mars oder in die Sonnen hinein, so stehen Ihnen viele heiße Orte und Welten zur Verfügung.

Übung: Feuerreise

Dauer:	20 bis 45 Minuten
Ort:	geschützter Raum oder in der Natur
Begleitung:	wünschenswert, für Gruppen geeignet
Leitung:	keine
Hilfsmittel:	Rassel, Trommel, CD

- Sie liegen oder sitzen.
- Bitten Sie darum, von den Feuergeistern fürsorglich behandelt zu werden.
- Atmen Sie ruhig ein und aus, und konzentrieren Sie sich darauf, dass Ihnen das Feuer die Orte und Welten öffnet, in denen Sie den Krafttieren des Feuers begegnen.
- Lassen Sie sich von den Flammen in die Höhe tragen oder in die Glut des Feuers hineinziehen. Dort sind nicht nur Krafttiere, sondern auch viel

anderes zu finden. Begegnen Sie Ihrem Krafttier genauso wie allem anderen, was Sie vorfinden, mit Respekt und freundlichem Entgegenkommen.

- Seien Sie auf dieser Reise besonders wachsam. Sie haben es hier mit mythischen Dimensionen zu tun.
- Wenn Sie einem Krafttier des Feuers begegnen, bitten Sie um die Zauberworte oder die Magie des Tieres. Vielleicht benötigen Sie für die Zauberworte eine zweite Reise dorthin.
- Diese Reise kann Sie ermüden und das Gefühl auslösen, Sie hätten viel Kraft gebraucht.
- Wenn Sie den Ausgangspunkt erreicht haben, klopfen Sie dreimal auf den Boden. Bleiben Sie nach der Reise etwas liegen, bis Sie wieder in Ihrer üblichen Kraft sind.
- Schreiben Sie Ihre Erlebnisse auf!

Himmelsrichtungen und Krafttiere

In der schamanischen Spiritualität und Ritualarbeit werden immer die vier Himmelsrichtungen gewürdigt. Dabei erweitert sich das Himmelsspektrum um die drei Ebenen von Oben, Mitte und Unten. Dem Oben ist der Himmel zugeordnet, die Oberwelt; zur Mitte gehören Sie und Ihr Ego sowie die gesamte Biosphäre; dem Unten, der Unterwelt, entspricht die ganze Erde unter den Füßen. Dies wird auch in der Ritualarbeit mit den Krafttieren berücksichtigt.

Wie ich eingangs schon erwähnte, haben sich auf meinem schamanischen Weg eine Reihe von Wesen und vor allem Tiere eingestellt, die auch eine Verkörperung der Himmelsrichtungen darstellen. Wir unterscheiden hier zwischen der subjektiven Wahrnehmung der Himmelsrichtungen von unserem Standort oder Lebensmittelpunkt aus gesehen und den geographischen Himmelsrichtungen, wie sie sich auf der Weltkarte darstellen. In meiner subjektiven Ausrichtung begleiten mich für die vier Haupt- und die vier Nebenhimmelsrichtungen verschiedene Tiere. So gibt es für den Norden Luchs und Bär, für den Nordosten Frettchen und Wolf, den Osten den Biber und den Kragenbär, für den Südosten Geier und Meerkatze, und der Süden wird durch Nilpferd und Giraffe markiert. Der Südwesten wird durch den Puma und der Westen durch Bison und Bär vertreten. Den Nordwesten drückt der Adler aus. Die Anordnung wird bei Ihnen anders aussehen, und es können auch Himmelsrichtungen frei bleiben oder, wie Sie an meinem Beispiel sehen, durch mehr als ein Tier besetzt werden.

Bei den Himmelsrichtungen nach geographischen Gesichtspunkten sind die Tiere des Südens diejenigen aus Südamerika, Afrika und Australien, die des Nordens diejenigen auf der nördlichen Welthalbkugel. Die großen Land-

flächen von Amerika werden dem Westen zugeschrieben, Europa der Mitte und Asien dem Osten. Diese Sichtweise ist europazentriert und kann in jedem Land und auf jedem Kontinent neu geordnet werden. Bei der Auswahl der Tiere für die jeweiligen Himmelsrichtungen gehe ich vom mitteleuropäischen Standort aus. Wenn Sie einen anderen Standort haben, können Sie die Zuordnung der Tiere durchaus verschieben.
So hat die Anordnung der Tiere im Medizinrad, dem Tierkreis der Indianer Nordamerikas, eine andere Zuordnung von Tieren zur Folge als der hiesige astrologische Tierkreis oder das chinesische Tierhoroskop und wird sich eben auch von Ihrer sehr persönlichen Anordnung unterscheiden. Hier wird uns noch einmal verdeutlicht, dass es bei der schamanischen Krafttierarbeit um eine sehr pragmatische Schau auf die Welt geht und kein Dogma Platz hat.

Norden

Die Tiere des Nordens haben meist einen Fell- und Federwechsel zu den Jahreszeiten und passen sich oft durch braune Farbe im Sommer und weiße Farbe im Winter den natürlichen Gegebenheiten an. Diesen Wechsel im Äußeren können Sie ebenso pflegen. Also zum Beispiel: Raus aus den Gartenklamotten, rein in das Abendkleid!
Gemeinsamkeiten sind behaarte Füße bei Vögeln und Säugetieren, um in Schnee und Eis beweglich zu bleiben; sie

können viel Fett anreichern und entwickeln ein dickes Fell oder Federkleid, um die kalte Jahreszeit zu überstehen. Viele der nördlichen Tiere bauen Höhlen und andere Winterunterkünfte, in denen sie schlafend einen Großteil des Jahres verbringen.
Die Winterruhe und die Rückzugszeiten gehören bei den nördlichen Tieren ebenso wie lange Wanderungszeiten von den kalten in die warmen Zonen zur inneren Biologie. Dies sollten Sie berücksichtigen, wenn sich Ihnen ein Krafttier aus dem Norden zugesellt. Es wird dann auch Zeiten geben, in denen sich diese Tiere nicht bei Ihnen einstellen, da sie in Ruhe oder selbst auf Reisen sind. Sie können sie allerdings in die Winterruhe oder auf den Reisen begleiten. So sind Sie wahrscheinlich gut beraten, wenn Sie sich zu Zeiten zurückziehen und schlafen oder tatsächlich im Winter in wärmere Gefilde reisen. Viele der nördlichen Tiere sind Individualisten, manchmal treten sie allerdings in Kleingruppen auf. Nutzen Sie die Kenntnisse und Verhaltensweisen Ihres Krafttieres, um zu entscheiden, ob und wie Sie sich in Gesellschaft bewegen wollen. Nur wenige Tierarten des Nordens treten in so großen Herden auf wie die Rentiere.

Osten

Die Tiere des Ostens oder besser Asiens zeichnen sich durch eine Verbindung mit europäischen und afrikanischen Tieren aus, schließlich sind auch die jeweiligen Landmassen miteinander verbunden. Es gibt in Asien Kamele, Elefanten und Löwen wie in Afrika und Bären, Hirsche und Wölfe wie im Norden Europas und Russlands. In den subtropischen bis tropischen Regionen existiert eine auch jahreszeitlich ziemlich unabhängige Fauna; diese Tiere pflanzen sich rund ums Jahr fort. Die Regenzeiten Asiens führen zu ganz speziellen Wanderungsbewegungen bei Insekten, Vögeln und Fischen.

In den Krafttierreisen begegnen uns aus den östlichen Gebieten häufig indischer Elefant, Tiger, kleinere Bären wie Schwarz- bzw. Kragenbären, Orang-Utan, Wasserbüffel, Kranich. Immer wieder treten Schneeleoparden oder Pfauenvögel auf oder unterschiedliche Arten von Geiern sowie Moschusochse und Bambusbär. Häufig begegnen Krafttierreisende im Osten Pferden, insbesondere Wildpferden.

Süden

Wenn wir Afrika für den Süden einsetzen, finden wir die größten Ansammlungen von Landtieren. Ihre Wanderungen, ausgelöst durch Regen- und Trockenzeiten, führen sie durch den halben Kontinent. Es gibt kaum ein solches Mit- und Nebeneinander von Grasfressern, die die gleichen Wege unter der Bedrohung der gleichen Feinde, wie Löwe, Leopard, Gepard, Hyänenhunde und Krokodile, zurücklegen. In keinem anderen Erdteil finden sich eine solche Anzahl und Vielfalt von großen Landsäugern, symbolisiert durch die »big five« Elefant, Nashorn, afrikanischer Büffel, Löwe und Leopard. Allein diese fünf stellen einen großen Anteil an Krafttieren bei den Krafttierreisen.

Australien hingegen liefert mit Eier legenden Säugetieren, Beuteltieren und flugunfähigen Vögeln eine Reihe von Besonderheiten, die es sonst auf dieser Welt nicht gibt. Neuguineas Tierwelt mit der Vielzahl an Paradiesvögeln ist ebenfalls einzigartig. Es fällt aber auf, dass bei den vielen Krafttierreisen, die ich bisher selbst durchführte bzw. bei anderen Menschen begleitet habe, nur ausnahmsweise australisch-pazifische Lebewesen aufgetaucht sind.

In Südamerika existiert eine beeindruckende Biodiversität. Der Regenwald Südamerikas hat mit einer unbeschreiblichen Anzahl von Insekten, Fischen, Echsen, Fröschen, Schlangen, Vögeln, Affen und den vielen anderen Säugetieren eine Vielfalt hervorgebracht, die trotz ihrer Bedrohung noch immer nicht überschaubar ist. Für die Krafttierreisen stellen sich oft die Raubtiere Jaguar und Panther, die Vögel Quetzal und Kondor ein, und auch die Anakonda gehört zum Repertoire der südlichen Krafttiere.

Westen

Durch die Beschäftigung mit den indianischen Bräuchen und die große Beliebtheit und literarische Verbreitung indianischen Wissens in Europa hat sich bei den Krafttierreisen

eine Vielzahl an westlichen Tieren als Krafttiere eingestellt. So gibt es auch eine Reihe von Büchern, die die indianischen Krafttiere beschreiben und erklären, etwa von Gerhard Buzzi: *Krafttiere. Wie sie stärken, schützen, heilen.* Bison, Bär, Wolf, Hirsch, Dickhornschaf, Adler und viele andere Tiere, die in der indianischen Welt eine Rolle spielen, zeigen sich in den Krafttierreisen. Streifenhörnchen, Biber und Falken bevölkern ebenfalls die indianische Krafttierwelt.
Die geographische Besonderheit Amerikas durch die längs verlaufenden Gebirge führt zu heißen, trockenen Sommern und kalten und zum Teil schneereichen Wintern. Die Tiere des Westens sind diesen Schwankungen ausgesetzt und angepasst. Dies führt zu der Fähigkeit, die Wechselhaftigkeit des Lebens zwischen Mangel und Fülle besser zu ertragen.

Reisen in die Himmelsrichtungen

Wenn Sie nun Ihre Krafttierreisen auf eine der Himmelsrichtungen ausrichten, dann werden Sie auch da in andere Welten eintauchen und anderen Tieren begegnen. Sollten Sie beim Reisen einer Verwechslung unterlegen sein und die Richtung verloren haben, bleiben Sie einfach auf der Reise. Benützen Sie zur Rückkehr denselben Weg, den Sie gekommen sind. Sie können Ihren eigenen Krafttierkosmos nach und nach auffüllen, indem Sie bei den nächsten Reisen die Tiere der anderen Himmelsrichtungen kennenlernen.

Übung: Krafttierreisen in die Himmelsrichtungen

Diese Übung können Sie siebenmal durchführen: in die vier Haupthimmelsrichtungen; nach oben, nach unten und in die Mitte. Benützen Sie die beschriebenen Anrufungen für die jeweilige Himmelsrichtung. Vielleicht nehmen Sie einen Kompass zur Hand, wenn Sie sich unsicher sind.

Dauer:	30 bis 60 Minuten
Wiederholung:	immer wieder; bei den Ritualen werden immer wieder die Himmelsrichtungen gewürdigt, wie es im Teil über die Rituale beschrieben ist.
Ort:	geschützter Raum oder in der Natur
Begleitung:	wünschenswert, für Gruppen geeignet
Leitung:	keine
Hilfsmittel:	Rassel, Trommel, CD

- Bestimmen Sie die Himmelsrichtungen, und wählen Sie eine aus.
- Schauen Sie in die gewählte Richtung.
- Atmen Sie ruhig aus und ein, und entscheiden

Sie sich für eine der drei schamanischen Welten, durch die Sie in die gewählte Himmelsrichtung reisen wollen.

- Stellen Sie sich die Aufgabe, bei dieser Reise einem Krafttier für diese Himmelsrichtung zu begegnen.
- Wählen Sie eine der folgenden Anrufungen:
- »Krafttier des Nordens, der Ahnen, der Toten, der Kälte, des langen Sommertages, des langen Winters! Zeige dich, und führe mich! Werde mein Begleiter!«
- »Krafttier des Ostens, des Anfangs, des Neubeginns, der aufsteigenden Energie, der Erhellung meines Tages! Zeige dich, und führe mich! Werde mein Begleiter!«
- »Krafttier des Südens, des Höhepunktes des Tages und des Lebens, der Arbeit, der vollen Klarheit und des kleinen Schattens! Zeige dich, und führe mich! Werde mein Begleiter!«
- »Krafttier des Westens, der Vollendung, des Endes, des Abschiedes und der Rechenschaft, Träger des weißen Todes! Zeige dich, und führe mich! Werde mein Begleiter!«
- »Krafttier des Himmels, der Dauer, der Spirits,

Botschafter des Geistes, der Energie des Himmels! Zeige dich, und führe mich! Werde mein Begleiter!«

- »Krafttier der Erde, der Sicherheit und der Bindung, der irdischen Kraft, des Realitätssinnes! Zeige dich, und führe mich! Werde mein Begleiter!«
- »Krafttier der Mitte, meines Herzens, meines Egos, meines Seins, meiner Bestimmung! Zeige dich, und führe mich! Werde mein Begleiter!«
- Machen Sie sich also auf einen der drei Wege:
- Gehen Sie den Weg durch die Unterwelt!
- Gehen Sie den Weg in die Mittelwelt!
- Gehen Sie den Weg in die Oberwelt!
- Gehen Sie auf die Suche nach dem Krafttier der gewählten Himmelsrichtung.
- Fragen Sie, für welche Bereiche in Ihrem Leben dieses schamanische Krafttier besondere Fähigkeiten hat.
- Halten Sie sich bei der gewählten Himmelsrichtung so lange auf, bis Sie eine Begegnung mit Ihrem Krafttier herbeigeführt haben oder die Zeit für Sie zu Ende ist.
- Dann kehren Sie zurück.

- Beenden Sie die Reise mit dreimaligem Klopfen auf den Boden.
- Schreiben Sie die Begegnungen in Ihr Reisetagebuch!

Auch wenn Sie die Reisen mehrmals gemacht haben, sind Sie noch nicht im Besitz aller Krafttiere. Lassen Sie sich Zeit! Lernen Sie zuerst eines der Krafttiere kennen, spüren Sie seine Wirkung in Ihrem Leben, und fragen Sie das erste Krafttier, das Sie erworben haben, ob es Sie bei den jeweiligen Reisen als Helfer begleitet. Manchmal werden Sie aufgefordert, alleine zu gehen oder ein anderes Krafttier oder Wesen um Begleitung zu bitten.

Aufgabe: Krafttierkreis

Dauer:	solange Sie brauchen
Wiederholung:	auf Dauer angelegt, täglich besuchen
Ort:	geschützter Raum oder in der Natur
Begleitung:	keine, für Gruppen geeignet
Leitung:	keine
Hilfsmittel:	Steine, Figuren

Gestalten Sie sich nach und nach Ihren eigenen Krafttierkreis, in dem Sie auch alle anderen Krafttiererfahrungen einordnen. Dafür können Sie sich eine schöne Zeichnung machen oder Flusssteine entsprechend bemalen. Im Freien, zum Beispiel im Garten, lässt sich mit den Steinen ein Krafttierkreis errichten. Mit kleineren Steinen, die Sie entsprechend beschriften, können Sie auch in Ihrer Wohnung einen solchen Kreis arrangieren. Es ist auch möglich, dass Sie kleine Tierfiguren in diesem Kreis aufstellen. Ihr Krafttierkreis wird Ihnen auch bei den Ritualen mit den Krafttieren hilfreich sein.

Aufgabe: Trommel bemalen

Dauer: solange Sie wollen
Hilfsmittel: Tusche, Tinte, wasserfeste Farbe, Federn

Wenn Sie schon so weit sind, dass Sie sich eine Trommel zugelegt oder selbst gefertigt haben, können Sie nach und nach Ihren Krafttieren einen Platz darauf zuweisen. Nach europäischer Tradition ist der Norden bei der Trommel oben und der Süden unten, nach asiatischer Vorstellung ordnet man den Norden unten und den Süden oben an. Malen Sie Ihre Tiere oder Symbole der Tiere auf die Trommel. Verwenden Sie wasserfeste Farbe, Tusche, Tinte, damit Sie die bemalte Trommel auch unbeschadet im Freien benützen können. Bei der Trommelweihe würde man schamanisch Blut, Pflanzensäfte, Beeren und Naturpigmente verwenden. Schmücken Sie Ihre Trommel mit Federn, Haaren, Schneckenhäusern von Tieren, die in Ihrem Krafttierkosmos bereits aufgetreten sind.

Aufgabe: Krafttiermaske fertigen

Hilfsmittel: Stoffe, Kunstfell, echtes Fell, Federn, Perlen, Gipsbinden, Kleber, Glasaugen, Muscheln, Knöpfe und dergleichen mehr
Werkzeug: Schere, Messer, Nähzeug und anderes

Eine Krafttiermaske kann man einfach bauen mit einer beklebten Gipsbindenmaske, die man über dem Gesicht angefertigt hat. Man kann für die Herstellung vieles an Materialien und Werkzeugen verwenden. Nehmen Sie sich genügend Zeit für die Fertigung und Ausschmückung dieses ganz persönlichen Kraftgegenstandes. Die fertige Krafttiermaske sollte unbedingt eingetanzt werden. Dazu dient eine der Tranceformen, wie Sie sie bereits kennengelernt haben (ab Seite 161). Tanzen Sie, und nutzen Sie die Bärenübung (Seite 171 f.) oder atmen Sie die Delphinatmung (Seite 105 ff.). Rufen Sie das Tier, das Ihre Krafttiermaske darstellt, und drücken Sie seine Bewegungen aus, und tönen Sie mit seiner Stimme.

Bauen Sie Ihre Maske am besten in der Gruppe, und tanzen Sie sie dann auch gemeinsam ein. Solange Sie sie nicht benützen, sollten Sie sie sorgfältig verpackt weglegen.

Krafttierreisen für andere

Krafttiere für andere suchen

Es gibt eine Reihe von Menschen, die Bedenken haben, ob sie genug Fantasie und Vorstellungsvermögen für Krafttierreisen besitzen. Andere fürchten sich vor der schamanischen Reise, oder sie wissen nicht genau, was in Trance passiert oder ob sie die Aufgabe insgesamt bewältigen können. Für diese Menschen und auch für diejenigen, die Heilung brauchen, können Sie, wenn Sie schon länger regelmäßig Krafttierreisen machen, Krafttiere holen. Das ist für viele die erste – und eine heilsame – Begegnung mit Krafttieren. Von da an ist es den Betreffenden meist möglich, die Krafttierarbeit alleine durchzuführen und nur noch ab und an Hilfe in Anspruch zu nehmen.

Wenn Sie für jemanden ein Krafttier holen, dann bereiten Sie den Raum so vor wie oben besprochen (Seite 85). Führen Sie die Rituale für Ihre eigenen Krafttiere durch, opfern Sie mit dem Krafttier-Empfänger zusammen ein paar Kleinigkeiten, und besprechen Sie die Krafttiersuche gemeinsam. Weisen Sie den Betreffenden darauf hin, dass es beim ersten Mal nicht unbedingt gelingen muss. Er oder sie soll vor der Reise möglichst offen und dankbar sein und darauf vorbereitet werden, dass er auch anderes sehen, spüren und erleben kann. Beschränken Sie die Krafttierreise auf eine halbe Stunde. Helfer begleiten Sie mit Rasseln. Da Sie für eine andere Person die Reise machen und die begleitete Person wenig zu tun hat, wird diese vorher in die Tiefenentspannung geführt. Ihre Aufgabe ist es, die Reise auszuwählen und sie dann für den Krafttier-Empfänger auf seinen Wegen durchzuführen, und da ist es nun sehr hilfreich, dass Sie selbst bei den vielen Übungen schon eine innere Landkarte der Welten erstellt haben, die Sie kennen. Es kann allerdings sein, dass auch Sie in eine andere, unbekannte Welt geführt werden, in der Sie sich erst zurechtfinden müssen.

Bleiben Sie dabei ruhig und gelassen. Rufen Sie bei der Begleitreise auch Ihre eigenen Krafttiere, und lassen Sie sich von diesen bei der Suche unterstützen.

Ein Beispiel mag Ihnen erläutern, wie Sie so ein Krafttierholen erleben könnten: Nach einem einführenden Ritual mit Räuchern und Anrufung der Himmelsrichtungen und Spirits – der anderen spirituellen Helfer, die man vielleicht zur Verfügung hat – wird der Krafttier-Empfänger eingewiesen. Er soll sich auf den Boden legen, tief aus- und einatmen und entspannen. Er wird aufgeklärt, dass er in Kontakt mit dem Krafttier-Suchenden bleiben muss, um dessen Krafttierreise zu unterstützen. Der Krafttier-Sucher legt sich neben den Empfänger und nimmt Körperkontakt mit ihm auf. Er kann selbst rasseln oder er lässt dies die Helfer tun, um in die andere Wahrnehmung, in die Trance, hinüberzuwechseln. Er macht sich mit dem Auftrag, für den Krafttier-Empfänger ein Krafttier zu suchen, auf den Weg in die Unterwelt. Am Eingang des Durchgangs legt er ein Opfer nieder und durchdringt den nur schwach erhellten Gang.

Der Krafttier-Sucher kommt am anderen Ende des Ganges an und dringt in eine Welt ein, die so dicht grün und feucht und dunkel ist, wie er es kaum kennt. Er braucht dazu ein Werkzeug wie eine Machete, um das Unterholz zu durchdringen. Er ruft in den Dschungel hinein, um das Krafttier des Empfängers auf sich aufmerksam zu machen.

Es gibt Gekreische, Rauschen der Blätter, Pfeifen und Flöten von Vögeln. Trommeln sind von weit her zu hören. In dem feuchten Unterholz voller blühender Bromelien und anderer Epiphyten riecht es harzig, süß und nach Verwesung. Der Sucher macht sich auf den Weg. Mücken und Fliegen beißen die freien Hautstellen, Blutegel hängen an seinen Beinen.

Der Sucher kämpft sich nassgeschwitzt den Berg hinauf. Über der Nebelgrenze öffnet sich von einem freien Platz der weite Blick auf urwaldüberzogene Hügel und Berge.

Prachtvoll bunte Vögel ziehen durch die Lüfte, der Geruch hat sich in feinen Blütenduft verwandelt, vermischt mit einer frischen Brise von freier Luft. Der Sucher ruft erneut. Wieder muss er sich durch den Dschungel kämpfen. Da hört er das Brechen von kleinen Bäumen. Vorsichtig nähert er sich dem Platz, einer kleinen Lichtung.

Gorillas sitzen in Gruppen unterschiedlichen Alters und fressen das Mark von kleinen Baumstämmen. Der Sucher macht sich bemerkbar, ist glücklich, die Tiere gefunden zu haben, da stieben die Gorillas davon. Ein kurzes Glück. Doch ein kleines Gorillakind ist auf einem Baum zurückgeblieben. Auch das verschwindet schließlich. Wo ist das Krafttier zu finden? Weiter durch den dunkler werdenden Dschungel bleibt der Sucher stehen, um Pause zu machen. Aus dem Dickicht bricht eine Familie von Waldschweinen. Schwarz und borstig. Sie bleiben, ihre Rüssel in die

Luft steckend, stehen, scharren mit den Füßen am Boden. Schnüffeln. Ein Schwein zeigt sich besonders interessiert und nähert sich.
»Bist du das Krafttier von meinem Empfänger, für den ich hier bin?«
»Was meinst du?«, fragt das Schwein. »Eigentlich habe ich gedacht, er kommt selber. Sag ihm das, ich warte hier.«
Der Sucher bedankt sich und holt aus seiner Tasche ein paar Brote, die er eingesteckt hatte. Eigentlich Pferdebrot. Das Brot wird sofort verschlungen, und die Schweine drehen ab, zurück in den dichten Urwald. Der Sucher kehrt auf dem gleichen Weg zurück, der schon fast nicht mehr zu erkennen ist. Zurück durch den Gang in der Unterwelt an den Eingang. Dort ist das abgelegte Opfer schon verschwunden. Durchgeschwitzt und angestrengt bringt der Sucher dem Empfänger die Botschaft vom Schwein. Der bedankt sich. Es wird nochmals ein kleines Opfer gebracht und geräuchert, und die Spirits werden geehrt.
Beim nächsten Mal wird der Empfänger des Schweins selbst in den Dschungel gehen. Bis dahin kann er sich mit dem Schwein beschäftigen. Nachlesen, Bilder sammeln, eine Figur aus Ton formen. Ach so, er hat einen Schlüsselanhänger mit einem Schwein. »Ja, das habe ich schon lange, das ist mein Glücksbringer!«

Anleitung: Krafttiere für andere holen

Dauer: 20 bis 60 Minuten
Wiederholung: nach Bedarf des Empfängers
Ort: geschützter Raum oder in der Natur
Begleitung: notwendig, für Gruppen geeignet
Leitung: Sie begleiten die Person, die das Krafttier sucht
Hilfsmittel: Rassel, Trommel, CD

Sie sind der Krafttier-Sucher für eine andere Person, den Krafttier-Empfänger, und arbeiten nur mit dem Auftrag des Empfängers!

- Der Empfänger legt sich auf den Boden und entspannt sich nach der von Ihnen vorgetragenen Anleitung zur Tiefenentspannung (Seite 90 ff.).
- Sie rasseln oder lassen rasseln und legen sich neben ihn.
- Gehen Sie mit dem Auftrag des Empfängers auf die Suche nach dem Krafttier.
- Halten Sie Körperkontakt. Sie liegen parallel zu dem Empfänger.
- Opfern Sie am Eingang.
- Gehen Sie durch den Gang bis zur Öffnung in die Anderwelt.

- Dort rufen Sie nach dem Krafttier des Empfängers.
- Wenn sich sein Krafttier nicht in der Umgebung des Ausgangs zeigt, gehen Sie auf die Suche.
- Fragen Sie die Tiere, die Ihnen begegnen, ob sie die Krafttiere des Empfängers sind.
- Finden Sie das Krafttier.
- Fragen Sie nach Informationen oder nach der Art und Weise, wie der Empfänger weiter mit dem Krafttier umgehen soll.
- Bringen Sie dem Empfänger etwas von dem Krafttier mit.
- Bedanken Sie sich, und kehren Sie zurück durch den Kanal.
- Wenn Sie am Eingang angekommen sind, dann klopfen Sie dreimal auf den Boden.
- Legen Sie dem Empfänger die Hand auf das Sonnengeflecht, und teilen Sie ihm das Krafttier mit.
- Sagen Sie ihm, er möge erst nur die Körperempfindung wahrnehmen.
- Dann blasen Sie die Informationen am Sonnengeflecht in den Bauch des Empfängers.

Lassen Sie sich, und vor allem dem Empfänger, bei allem Zeit.

- Dann holen Sie den Empfänger langsam zurück, indem Sie mit der Rückkehr aus der Tiefenentspannung weitermachen.
- Dabei flechten Sie jeweils das Krafttier ein, das Sie gerade für den Empfänger gefunden haben. Sie sagen beispielsweise: »Du atmest jetzt zehnmal ein und aus und zählst dabei rückwärts. Bei jeder Zahl erinnerst du dich, dass du dieses Krafttier hast. Wenn du bei eins angekommen bist, ist auch das Krafttier vollständig in dir angekommen.«

Die vollständige Wirkung des Krafttieres entfaltet sich erst nach und nach durch die Beschäftigung des Empfängers mit dem Krafttier. Es kann zwei bis drei Wochen dauern, bis sich diese Kraft ganz deutlich spüren lässt.

Verlorene Krafttiere wiederbeleben und holen

Es kann immer wieder vorkommen, dass wir im Lauf der Zeit die Anbindung an unser spirituelles Leben verlieren. Manchmal sind Krisen, der Fortschritt auf der Karriereleiter oder einfach ein Knick im Fortkommen der Auslöser, den spirituellen Weg vorübergehend zu verlassen, manchmal können aber gerade solche Einschnitte dazu führen, dass man ihn wieder findet. Wenn ein Mensch, der die Verbindung mit seinem Krafttier verloren hat, diese gerne wiederherstellen möchte, können Sie sich ebenfalls in seinem Auftrag auf die Reise begeben.

Anleitung: Verlorene Krafttiere wiederbeleben und holen

Dauer:	20 bis 60 Minuten
Wiederholung:	nach Bedarf des Empfängers
Ort:	geschützter Raum oder in der Natur
Begleitung:	notwendig, für Gruppen geeignet
Leitung:	Sie begleiten die Person
Hilfsmittel:	Rassel, Trommel, CD

- Der Empfänger legt sich auf den Boden und entspannt sich nach der von Ihnen vorgetragenen Anleitung zur Tiefenentspannung (Seite 90 ff.).
- Sie rasseln oder lassen rasseln und legen sich neben ihn.
- Gehen Sie auf die Unterweltreise mit dem Auftrag des Empfängers, das verlorene Krafttier zu suchen.

- Sie liegen mit Ihrem Kopf am Fußende des Empfängers. Halten Sie Körperkontakt.
- Opfern Sie am Eingang, gehen Sie durch den Kanal bis zur Öffnung in die Anderwelt.
- Rufen Sie dort nach dem verlorenen Krafttier des Empfängers.
- Wenn sich sein Krafttier nicht in der Umgebung des Ausgangs zeigt, gehen Sie auf die Suche. Hier können Sie wieder die Kenntnisse Ihrer inneren Landkarte gut gebrauchen.
- Fragen Sie jedes Tier, das Ihnen begegnet, ob es das Krafttier des Empfängers ist.
- Finden Sie das Krafttier, und fragen Sie es, warum es verloren gegangen oder weggegangen ist. Was braucht es, um für die spirituelle Arbeit oder die verschiedenen Ebenen der Krafttierarbeit wieder zur Verfügung zu stehen?
- Fragen Sie nach Informationen bzw. nach der Art und Weise, wie der Empfänger mit dem Krafttier umgehen muss oder was er in seinem Leben ändern soll, damit das Krafttier wieder zurückkehrt.
- Bedanken Sie sich und kehren Sie zurück durch den Kanal.

- Wenn Sie am Eingang angekommen sind, dann klopfen Sie dreimal auf den Boden.
- Nun legen Sie dem Empfänger die Hand auf das Sonnengeflecht und teilen ihm die Rückkehr des Krafttieres mit. Überbringen Sie ihm dessen Botschaften möglichst vollständig und ungeschönt.
- Sprechen Sie zu ihm, er möge erst nur die Körperempfindung wahrnehmen.
- Dann teilen Sie dem Empfänger mit, was das Krafttier braucht und will.

Lassen Sie sich und vor allem dem Empfänger bei allem genügend Zeit.

- Holen Sie den Empfänger langsam zurück, indem Sie mit der Rückkehr aus der Tiefenentspannung weitermachen.
- Flechten Sie dabei jeweils ein, welche Wünsche das Krafttier an den Empfänger hat, um zurückzukehren. Sie sagen beispielsweise: »Du atmest jetzt zehnmal ein und aus und zählst dabei rückwärts.« Dazwischen sagen Sie, was das Krafttier zur Rückkehr benötigt oder braucht, um weiterhin zu bleiben.

Wenn die Rückholung gelungen ist, dann sollte der Empfänger mit seinem Begleiter die Punkte besprechen und sicherstellen, dass er bereit ist, die Wünsche zu erfüllen, oder er verzichtet auf die Rückkehr des Krafttieres. Wenn das Krafttier zurückkehren soll, braucht es in den nächsten Tagen und Wochen besondere Aufmerksamkeit, und der Empfänger sollte beginnen, wieder Unterwelt-Krafttierreisen zu dem zurückgekehrten Krafttier zu unternehmen. Beim ersten Mal wäre es gut, wenn der Begleiter nochmals dabei wäre, die Reise mitmacht bzw. den Empfänger begleitet.

Entwicklung der Tiere

Nun geht es darum, mit dem Krafttier, dem Sie begegnet sind, in Dialog zu treten. Wie bei jeder Begegnung sind Sie dazu aufgefordert, die Grenzen der anderen und von sich selbst zu achten. Gehen Sie behutsam mit Ihrem Krafttier um. Stellen Sie sich und ihm am Anfang keine zu großen Aufgaben, und stellen Sie nicht zu viele Fragen. Anders sieht es aus, wenn Ihre Lebendigkeit gerade so eingeschränkt ist, dass Sie unbedingt Hilfe brauchen. Sollten Sie und das Krafttier schnelle Fortschritte bei der ersten Begegnung oder bei wiederholten Reisen machen, dann können Sie Ihre Fragen vertiefen und die gemeinsame Zeit zur Erweiterung Ihrer jenseitigen Landkarte oder zum Kennenlernen Ihrer psychischen und seelischen Befindlichkeit nutzen.

Sie sollten Krafttierreisen auch ohne den Anlass eines Problems durchführen. Bedanken Sie sich dabei immer wieder bei Ihrem Tier, belohnen Sie es mit Leckerbissen oder Futter, das Sie auf die schamanische Reise mitnehmen. Heu und Pellets für ein Pferd, Karotten für den Hasen, Obst für den Bären usw. Ihr Krafttier wird mit Ihnen dann noch freundlicher umgehen und sich auf die Begegnung freuen. Sie pflegen, streicheln, bürsten, reiten, bewegen das Tier und folgen auch seinen Angeboten. Tauchen Sie mit dem Delfin, fliegen Sie mit dem Adler über die Alpen, klettern Sie mit dem Faultier die Äste entlang, und flattern Sie mit dem Schmetterling in die Lüfte.

In Ihrem sich einstellenden Krafttierkosmos werden Sie nicht umhinkommen, bei weiteren Krafttierreisen widerstreitende Interessen miteinander zu vereinen. Geben Sie dem Krafttier die Sicherheit, dass Sie selbst zuverlässig sind. Da sind Sie gefragt, wenn ein Marder und eine Taube, ein Löwe und eine Gazelle oder ein Wolf und ein Reh bei Ihnen als Krafttiere auftauchen und sich zumindest bei Ihnen nebeneinander unbehelligt tummeln wollen. Begegnen Sie einem Tier, kann es sich noch in einem unausgereiften Jugendstadium befinden und Ihrer Unterstützung bedürfen, um ins Erwachsenenalter zu gelangen. Wenn Sie dies tun, wachsen und reifen auch Sie dabei.

Es kann sogar sein, dass sich ein Tier durch ein anderes ablösen lässt, sofern Sie und das Tier sich in verschiedene Richtungen entwickeln. Seien Sie immer wieder bereit, das eine oder andere Tier seinen Weg ziehen zu lassen, selbst wenn es schmerzhaft ist. Wenn Sie über die Jahre Reisen mit denselben oder auch mit immer wieder neuen Krafttieren durchführen, so entsteht eine sich immer mehr ordnende, ausgeglichene und farbige Welt.

Neue Krafttiere bereichern Ihre spirituelle Lebensweise, beleben Ihren Alltag und führen Ihnen neue, kostbare Energien zu. Mit Ihren Sinnen spüren Sie das Tier und berühren es mit den Händen. Drücken Sie Ihren Kopf in das Fell Ihres Eisbären, und nehmen Sie den Geruch der Wildnis auf. Stecken Sie Ihre Nase in das Nackengefieder Ihrer Eule, und blasen Sie Ihren warmen Atem in die Federn hinein. Reiten Sie auf Ihrem Esel über trockene Ebenen, oder schwingen Sie sich auf dem Rücken Ihres Falken in den Himmel, und finden Sie dort die Eindrücke, die Unterstützung, die Antworten, die Sie in Ihrer Entwicklung gerade brauchen.

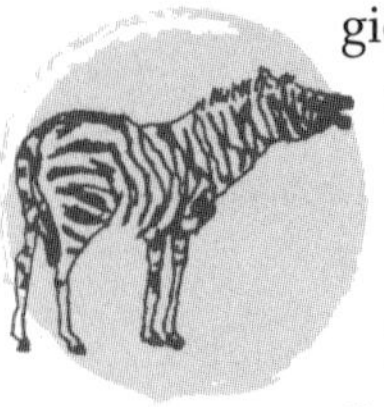

Manchmal muss ein Tier auch verarztet werden, da es auf den Reisen, die es ohne Sie durchführt, ebenfalls Wunden des Lebens geschlagen bekommen hat. Vielleicht sind gerade Sie der Kraftmensch für Ihr Krafttier, der es rettet oder ihm zur Genesung verhilft. Und nicht zuletzt gilt: Alles, was Sie für Ihr Tier tun, hilft auch Ihnen.

Der Zustand und die Bedürfnisse des Tieres spiegeln sehr oft Ihren eigenen Zustand, manchmal so, dass Sie Ihre eigene Befindlichkeit erst bemerken, wenn Sie Ihrem Tier nahe sind. Wenn das Fell Ihres Tieres stumpf und glanzlos ist, hat es zu wenig Aufmerksamkeit und Sozialkontakte. Sind die Augen trübe oder gerötet, dann ist es traurig oder überanstrengt. Wenn es hinkt oder nicht fliegen kann, braucht es Schonung und einen sicheren Platz zum Ruhen.
Übrigens ist das wohl eine sehr deutliche Mitteilung, und wir sollten sie auch selbst sehr ernst nehmen. Kranke Tiere brauchen Ruhe für den Heilungsprozess. Um gesund zu werden, fressen sie Heilpflanzen, Blumen, Moose, Flechten und Beeren, die alle hilfreiche Substanzen enthalten, und trinken viel Wasser. Manchmal werden sie von Artgenossen durch Ablecken massiert, oder die Wunde wird gereinigt. Gleichzeitig geht auch für Ihre helfenden Tiere das Leben weiter.
Wenn Sie von Ihrem Tier Informationen, Hinweise, Ratschläge oder Lösungsansätze bekommen, sind Sie trotzdem selbst dafür zuständig. Sie sind für die Art der Durchführung genauso verantwortlich wie für den Zeitraum, den Sie dafür in Anspruch nehmen, und Sie müssen bereit sein, die Konsequenzen zu tragen. Sollte irgend etwas schiefgehen, die Vision erlahmen, oder sollten Sie selbst am Ziel scheitern, dann gehen Sie wieder zu Ihrem Krafttier und fragen Sie, was Sie versäumt haben und ob Sie vielleicht unter den

veränderten Bedingungen noch eine andere Chance haben, das Ziel zu erreichen.
Haben Sie Ihr Krafttier befragt, und haben Sie nach seinen Empfehlungen gehandelt? Sind Sie enttäuscht über die Ergebnisse, die Sie erzielt haben? Haben Sie wirklich alles in der angegebenen Reihenfolge gemacht? Und vergessen Sie nicht: Sie allein sind zuständig, ganz und gar!
Wenn Sie auf Krafttierreisen gehen und zu Ihrem Tier zurückkehren wollen, kann es sein, dass Ihr Tier an einem anderen Ort unterwegs ist als dort, wo Sie es zuletzt getroffen haben. Bei der Imagination können Sie es meist hervorrufen, doch selbst das klappt nicht immer.
Bei der Krafttierreise sind Sie hingegen von der anderen Welt und deren Zeiten abhängig. Vielleicht müssen Sie Ihr Tier sogar mit jemandem teilen, und es befindet sich gerade bei dem oder der anderen. Fragen Sie das Tier, ob es nur zu Ihnen gehört, und wenn nicht, zu wem noch. Vielleicht ist es ein Stammestotem. Möglicherweise haben Sie durch die Tatsache, dass es da noch einen oder mehrere andere gibt, plötzlich Zugang zu Ihrem größten Problem und können es durch Ihr Krafttier als Mediator lindern oder ändern.

Es ist allerdings auch möglich, dass dadurch eine Verbindung mit einer anderen Person besteht, die unerwartete bis schwierige Situationen im Traum und in der Anderwelt erschafft. Es kann sein, dass Sie im Traum der anderen Person auftauchen. Und umgekehrt tritt diese vielleicht in Ihrem Traum auf und wirkt so in Ihren Alltag hinein. Möglich ist, dass Ihr Krafttier in Ihrem gemeinsamen Traum etwas anstellt, wie ein entlaufener Hund, der in eine Metzgerei eindringt, was den Beteiligten nicht sehr gefällt. Dann nutzen Sie diese Zwischenfälle, um dem Abenteuer auf den Grund zu gehen.

Rituale mit Ihrem Krafttier und für Ihr Kraftier

Sie haben sich auf einen praktischen, erfahrbaren spirituellen Weg gemacht. Schamanische Krafttierreisen und die Krafttiere selbst sind ein Geschenk der Schöpfung an die Menschheit. Für das, was man an lebendiger Kraft auf den Krafttierreisen erhält, zeigt man auf eine besondere Art im Vorfeld der Krafttierreisen und auch danach seine Dankbarkeit: In den Ritualen verbinden wir uns mit den Tieren, und sie verbinden sich mit uns. Man stellt verbindliche Regeln auf und erneuert seine Versprechen, die bereits bei Krafttierreisen gemacht wurden. Versprechen, die bei der Krafttierreise von Ihnen gegeben werden, betreffen Enthaltsamkeitsphasen beim Essen, bestimmte Opfer, Verhaltensweisen und tätige Veränderungen.

Vorbereitung von Krafttierreisen

Dauer:	20 bis 60 Minuten
Ort:	geschützter Raum oder in der Natur
Begleitung:	wünschenswert, für Gruppen geeignet
Leitung:	möglich – oder Sie selbst leiten
Hilfsmittel:	Rassel, Trommel, CD, Ritualwerkzeuge

Um sich für die Krafttierreisen und Krafttierarbeiten vorzubereiten, schafft man sich einen geeigneten Raum. Es kann sein, dass man tatsächlich einen solchen Raum hat, der der spirituellen Arbeit vorbehalten ist, oder man bereitet einen alltäglichen Raum durch ein Ritual vor.

Richten Sie den Raum so her, dass er Ihrer Konzentration dienlich ist. Schalten Sie Lärmquellen und Ablenkung aus. Schaffen Sie Raum, sodass Sie liegen können und eventuelle Helfer bzw. Begleiter um Sie herum Platz haben oder dass Sie in einer Gruppe mit Freunden einen Kreis bilden können.

Sollten Sie in der Natur einen Platz für Ihre Krafttierreisen finden, dann sorgen Sie auch dort dafür, dass Sie nach Möglichkeit nicht gestört werden. Dabei sollten Sie die vorgefundenen Gegebenheiten so akzeptieren, wie sie sind. Eine Lichtung, eine Wiese, ein großer Baum, ein überhängender Felsen – all das kann für Sie der Ort für eine Krafttierreise werden. Widmen Sie diesen Platz Ihrer Krafttierarbeit und geben Sie in die vier Himmelsrichtungen kleine Opfer, die sich in der Natur ohne Rückstände verwandeln. Markieren Sie die vier Himmelsrichtungen mit farbigen Bändern. Sie können an solch einem Platz in Vollmondnächten Ihre Rituale und Krafttierreisen machen. Es ist empfehlenswert, diese dann in Begleitung eines Helfers durchzuführen. Machen Sie, wenn Sie dort können und dürfen, ein kleines Feuer. Trommeln und rasseln Sie, und laden Sie die Geister des Ortes und der Natur ein und natürlich Ihre Krafttiere und solche, die es noch werden wollen.

Räuchern und Reinigen des Ritualplatzes

Hilfsmittel: Räucherschale, Räucherkohle, Räuchermaterialien, Feder, Kerzen, Zündhölzer

Zu Beginn eines Krafttierreiserituals räuchern Sie den Raum aus. Räuchern Sie um die Fensterrahmen und Türstöcke, in die Raumecken und unter und zwischen Sofas, Schränken und, falls Waschbecken im Raum sind, auch um die Abflüsse.

Wenn das Ritual im Freien stattfindet, reinigen Sie den Platz von eventuellem Abfall, und räumen Sie Äste und Steine, die die Arbeit behindern, beiseite. Damit können Sie den Platz zusätzlich markieren, zum Beispiel indem Sie mit den Steinen einen Kreis anlegen, in dem Sie bei Ihren Reisen liegen oder sitzen. Sammeln Sie die Äste gleich so, dass sie entweder Ihre künftigen Feuer füttern oder als Nist-

und Schlafplatz für Tiere geeignet sind. Verwenden Sie, um Feuer im Freien zu machen – sofern dies möglich ist –, ein kleines Rauchbecken mit Sand, und legen Sie Räucherkohle hinein, auf die Sie zuerst sparsam Räucherwaren geben.

Geeignet für Räucherungen sind frische oder getrocknete Zweige und Blätter von Wacholder, Thuja, Wermutkraut, Rosmarin, Lavendel und Salbei aus dem Garten oder die Baumharze Copal, Breuzinho, Myrrhe und Weihrauch in kleinen Harzklumpen. Mit einer Feder lässt sich der Rauch verteilen. Schicken Sie den Rauch auch in die vier Himmelsrichtungen und in die drei Welten: oben, Mitte, unten. Lassen Sie sich selbst von Ihren Helfern auch abräuchern und tun Sie dies umgekehrt auch bei ihnen.
Stellen Sie eine oder mehrere Kerzen auf, um bei gedämpftem Licht zu arbeiten. Bestimmen Sie die Zahl der Kerzen nach den Himmelsrichtungen oder nach den Energiezonen oder nach einer anderen für Sie symbolisch bedeutsamen Zahl. Krafttierreisen sind bei jeder Beleuchtung möglich, aber solange Sie ungeübt sind, erleichtert Ihnen die Dunkelheit die Reise. Sie können für die Krafttierreisen auch Schlafmasken verwenden, falls Sie das Kerzenlicht stört.

Opfern und die Beziehung feiern

Hilfsmittel: kleine Opfergaben

Falls Sie schon geübte(r) Krafttierreisende(r) sind, kennen Sie bereits eines oder mehrere Krafttiere und wissen um die Bedeutung von Opfergaben. Wenn Sie erst jetzt mit Ihren Krafttierreisen beginnen, seien Sie bereit, im Vorfeld der Reisen etwas zu opfern. Die im Folgenden beschriebenen Opfergaben dürfen klein sein. Es ist ein Ausdruck Ihrer Bereitschaft, für das, was Sie erhalten werden, auch etwas zu geben. Möglicherweise verlangt Ihr Krafttier von Ihnen eine Opfergabe. Opfergaben sind eigentlich Dinge, die über das, was man gerne und ohne Schmerzen hergibt, hinausgehen. Aber in unserem Kontext sind Gaben gemeint wie Bonbons, Früchte, Blumen, Tabak, Zigaretten, kleine Halbedelsteine, gekochter Reis, Eier, Goldpapier, Schnaps (dieser jedoch nicht, wenn Sie Alkoholprobleme haben), Lippenstifte, Feuerzeuge, Geld. Bevor Sie also die Krafttierreisen beginnen, stellen Sie einen Teller mit Ihren kleinen Geschenken und denen Ihrer Helfer bereit. Übergeben Sie diese Opfergaben, bevor Sie die Reise beginnen. Ich selbst liebe es, Obst, Nüsse, Tabak, Blumenblätter und kleine Münzen, Kräuter und Baumharze zu opfern. Auf Englisch heißt Opfer »offering«. Die Übersetzung lautet Darbringung oder Angebot, und dies trifft genau den Anspruch des Opfers.

Bringen Sie am Ende des Rituals essbare und natürliche Opfer ins Freie, und überlassen Sie sie den Ameisen und anderen Leckermäulern. Bei intensiven Prozessen werden die Opfer aber schon während des Opferns oder der Krafttiersuche von den Spirits verspeist. Geld und Wertsachen werden an einem der nächsten Tage an bedürftige Menschen verschenkt.
Wenn Krafttiere in den Reisen Opfer für ihr Wirken einfordern, dann kann es sein, dass Sie etwas aufgeben müssen, was Sie wirklich gern hatten. Manche Krafttierreisende haben das Rauchen, das Essen von Süßigkeiten, den Ehering, die Kette der Mutter, die schöne Schallplatte oder anderes Liebgewonnene verschenkt oder vernichtet. Fangen Sie da nicht zu handeln an, weil Ihnen etwas zu wertvoll erscheint. Das zahlt sich in keiner Weise aus. Folgen Sie den Anweisungen.

Rasseln, Trommeln und die Himmelsrichtungen

Hilfsmittel: Rasseln, Trommeln, Rhythmusinstrumente

Bevor Sie mit den Krafttierreisen beginnen, rasseln, trommeln oder singen Sie in die vier Himmelsrichtungen und in den Himmel, zur Erde und in die innere Mitte. Beginnen Sie im Osten, wenn Sie etwas Neues beginnen und einen Anfang für Ihre Reise suchen. Beginnen Sie im Norden, wenn Sie Ihr Krafttier einfach erneut aufsuchen und Sie keine großen Antworten benötigen, sondern einfach die Beziehung pflegen wollen. Bitten Sie darum, dass die spirituellen Helfer die Krafttierreisen und Ihr damit verbundenes Ansinnen freundlich aufnehmen und Sie beim Kontakt unterstützen, sich bei der Begegnung verständlich machen und Ihnen und dem Krafttier von Vorteil sein mögen. Befinden Sie sich in der Natur, so markieren Sie die Himmelsrichtungen mit kleinen Fähnchen aus farbigen Bändern oder geben in jede Himmelsrichtung ein kleines Offering wie Tabak, Bonbons oder farbige Blüten.

Berührung der Energiezonen

Wenn Sie mit den Krafttierreisen beginnen, berühren Sie symbolisch oder mit der Hand Ihre sieben Energiezonen (Seite 123 ff.) von oben nach unten, vom Scheitel bis zum Damm, um diese Kräfte zu bestätigen und zu manifestieren. Öffnen Sie sich für die Energien so weit, wie Sie für Ihr Erwachen bereit sind.

Ahnen

Bitte rufen Sie Ihre Ahnen bzw. Ihre Vorfahren. Die Krafttiere haben Verbindungen zu den guten und schlechten Zeiten, die sich zwischen Ihren Ahnen und den Tieren, wilden und domestizierten, in der Geschichte ereigneten. Alte Tabubrüche und tiefe Verstrickungen können ebenso Teil unserer Krafttiergeschichten werden wie tiefe familiäre bzw. sippenbezogene Beziehungen. Die schamanische Welt wird, wenn man sich auf sie einlässt, zu einem Tor in eine unbekannte Welt. In dieser unbekannten Welt entdecken Sie Zusammenhänge, die Ihnen bis dahin verborgen waren. Letztlich ist schließlich alles mit allem verbunden.

Den Heiler entdecken

Wenn Sie für andere Menschen als Helfer die Krafttierreisen anwenden, dann dienen die Beziehungen zwischen Ihnen als Helfer, dem Krafttier und den Krafttierreisen der Heilung. Deshalb bitten Sie vor Beginn der Krafttierreisen um die Möglichkeit, dass die Heilung eintritt, soweit sie für die Lebendigkeit und spirituelle Entwicklung der Beteiligten gut ist und die Konsequenzen von allen angenommen werden können.

Der weiße Tod

Leben und Sterben ist ein heilender Prozess des Werdens und Vergehens. Das Sterben von Leben, von Gedanken und Vorstellungen sowie das Sterben von Beziehungen, die alle in der Folge eine Erneuerung möglich machen, nennt man beim Schamanen den weißen Tod. Erlauben Sie, dass sich dieser Prozess auch während der Krafttierreisen vollziehen kann und das gute Alte gehen darf, damit Platz für das bessere Neue geschaffen wird. Lassen Sie die Bereitschaft erkennen, dass Sie das Neue begrüßen, auch wenn Sie noch nicht wissen, wohin es führt, und dass Sie alles Alte würdigen, das bleibt.

Das Ego

Zeigen Sie die Bereitschaft, während der Krafttierreise Ihr Ego bis auf einen kleinen Rest gehen zu lassen und sich dafür zu öffnen, Ihre Identifikationen abzuschütteln und sich in das Krafttier hineinzufühlen. Geben Sie auch klar zu erkennen, dass Sie nach der Reise wieder an diesem materiellen Leben teilhaben und deshalb auch wieder zurückzukehren wünschen.

Spiritualität

Öffnen Sie sich für die spirituelle Entwicklung, die mit den Krafttierreisen verbunden ist und die zu Selbstauflösung und Selbsterkenntnis führen kann. Spiritualität ist lebbar. Durch unsere schamanische Arbeit wird die Spiritualität zur konkreten Erweiterung des Alltags, die sich mit Ihrem Leben verträgt und die Sie auf Ihre ganz besondere und persönliche Art äußern können. Die Krafttierarbeit dient Ihrer Erdung und damit auch dem realistischen und konkreten Leben mit dem, was Sie zu tun haben und in der Welt verwirklichen wollen und müssen. Damit geben Sie Ihrer Aufgabe in dieser Welt Ihren besten und sinnvollsten Ausdruck. Dieses Gottesgeschenk nennt man Spiritualität, und damit verwirklichen Sie auch Ihren himmlischen Doppelgänger.

Poesie

Bei Ihren Krafttierreisen werden Sie den Tieren begegnen und dabei auch deren Namen, sofern diese welche besitzen, erfahren. Sie singen nach längerem Zusammensein mit Ihren Krafttieren deren Krafttierlieder. Diese Lieder können rhythmisch und strukturell völlig einfach sein. Manche Tiere lieben es, längere Texte voller Poesie mit Versmaßen zu übermitteln. Sie sind dann aufgefordert, diese aufzuschreiben, auswendig zu lernen und zu singen und, falls Sie ein Instrument spielen, damit zu begleiten. Das Krafttierlied ist dann der Dank an das Tier für seine Begleitung und dient als Ruf für die Krafttierreisen.

Versuchen Sie in den Ablauf Ihrer Rituale eine Regelmäßigkeit zu bringen. Es ist wichtig, dass das Ritual einen klaren Anfang und ein klar definiertes Ende hat. Dies gilt auch für die Krafttierreisen. Üben Sie alleine oder mit Freunden zusammen, verbringen Sie gemeinsame Abende, und staunen Sie über die unterschiedlichen Krafttiere und Krafttierreisen, wenn Sie Ihre Erlebnisse austauschen. Durch die Krafttierreisen werden Sie Informationen für Ihre Rituale bekommen und zusätzliche Anregungen, Beschreibungen und Forderungen, wie Sie die Rituale weiter zu gestalten haben.

Abschlussritual

Jedes Ritual braucht einen Abschluss. Bedanken Sie sich, egal wie die Krafttierreisen waren, bei den Krafttieren, den Helfern und Freunden. Berühren Sie die Energiezonen von unten nach oben. Räuchern Sie alle Beteiligten, die Gerätschaften und den Raum, und öffnen Sie danach die Fenster. Die essbaren Opfer werden ins Freie gebracht und sorgfältig unter Büschen oder Bäumen abgelegt. Die anderen Opfer werden wie gesagt an Bedürftige verteilt oder einfach verschenkt.

Den Platz im Freien sollten Sie so verlassen, dass kein zivilisatorischer Abfall zurückbleibt und die Spuren unseres Arbeitens möglichst gering sind.

Reisetagebuch

Noch ein Wort zum Reisetagebuch, von dem bereits die Rede war. Suchen Sie sich mit Bedacht ein ansprechendes Buch, in das Sie liebevoll Ihre Reisen mit all den Wegen und Erlebnissen eintragen. Auch Ihr persönliches Schreibgerät erhöht Ihre Freude an der Sammlung Ihrer spirituellen Erfahrungen. Lassen Sie Ihr Tagebuch an den verschlungenen Pfaden, den geraden Wegen, den Überraschungen der Reisen und an den Gefühlen bei Ihrer Rückkehr teilhaben.

Wenn Sie Ihr Reisetagebuch nicht benützen, legen Sie es zu Ihrem Krafttierkreis, den Sie sich inzwischen angelegt haben, oder an einen von Ihnen geweihten Platz, der vor neugierigen Blicken geschützt ist. Sicher gibt es einige unter Ihnen, die das Ganze lieber ihrem Computer anvertrauen. Gestalten Sie Ihr Reisetagebuch mit Ihren Mitteln, sei es durch Zeichnen, Fotografieren, Einfügen von Bildern und Zitaten. Denken Sie auch daran, die Folgen und Konsequenzen Ihrer Krafttierarbeit in diesem Buch zu sammeln. Schreiben Sie das Erlebte, die Beteiligten, das, was Sie gemacht haben, in Ihr Tagebuch. Vertrauen Sie ihm von Anfang an Ihre Wünsche, Ziele und auch Sorgen an, und überprüfen Sie immer wieder deren Verwirklichung und Lösung. Lesen Sie Ihre Einträge erst nach längerer Zeit wieder, und machen Sie sich bewusst, welche Veränderungen in Ihrem Leben eingetreten sind. Dokumentieren und kommentieren Sie diese Gedanken auch in Ihrem Buch.

Kurztechniken für den Alltag

Die Kurztechniken für den Alltag dienen Ihnen dazu, Ihre Krafttiere zu Situationen zu rufen, bei denen die Fähigkeiten des Krafttieres gebraucht werden können. Aktivieren Sie diese Kräfte und Sinnesleistungen. Sie können diese Techniken im Privatleben und im Beruf anwenden, ob es nun um Begegnungen mit neuen Menschen geht, um Verhandlungen, um Veränderungen oder auch um heikle bis gefährliche Momente.

Sie müssen dazu allerdings Ihre Krafttiere schon gut kennen und Ihre innere Landkarte übersichtlich gestaltet haben. Wenn Sie Ihr Krafttier mit Ihren Ritualen gut gepflegt und die Reisen zum Krafttier öfter wiederholt haben, ist es wie bei einem guten Freund, den Sie auch mal direkt ansprechen und um etwas bitten können, ohne lange Erklärungen. So rufen Sie Ihr Krafttier, das Ihnen in der jeweiligen Situation am nützlichsten sein könnte.

Diese Kurzreisen zum Krafttier dienen Ihrem ganz persönlichen Anliegen. Nutzen Sie diese sparsam wie eine Medizin, und halten Sie sich dann an die Medikation, die Sie vom Krafttier verordnet bekommen.

Wählen Sie eine der Kurzmethoden für den Körper, die Kraft, für Intuition und Fühlen, für das innere Sehen und das Wahrnehmen des Unsichtbaren.

Kurztechnik: Grundlagen für Kurzreisen zum Krafttier

Dauer: zwei bis fünf Minuten
Ort: überall
Begleitung: keine
Leitung: keine
Hilfsmittel: Ihre Tiere

- Schließen Sie für ein paar Sekunden die Augen.
- Atmen Sie dreimal tief ein und aus.
- Spüren Sie den Krafttierkontakt in Ihrem Körper.
- Bitten Sie das spezielle Krafttier, für Sie tätig zu sein.
- Stellen Sie Ihre Frage innerlich.
- Beobachten Sie das Verhalten Ihres Tieres.
- Nehmen Sie die erste, blitzartig aufscheinende Antwort.
- Bedanken Sie sich.
- Handeln Sie danach.

Sie drücken sozusagen im Blitzkontakt aus, was Sie brauchen oder welche Frage Sie beantwortet haben wollen. Bekommen Sie keinen Kontak, lassen Sie dieses Tier und rufen Sie im Kurzverfahren ein anderes Ihrer Krafttiere.

Bei jeder Kommunikation ist folgende Regel sehr wichtig:

1) Fragen Sie nur, wenn Sie wirklich fragen wollen.
2) Nehmen Sie jede Antwort, ohne daran herumzubiegen, um diese vielleicht so zu verändern, wie Sie sie haben wollen.
3) Führen Sie die Botschaft aus.

Kurztechnik: Schnelle Kraft

Für diese Kurzreise sind unter anderem Panther, Anakonda, Bär, Elefant, Nashorn, Ameise und Eule geeignet.

- Schließen Sie für ein paar Sekunden Ihre Augen.
- Atmen Sie dreimal tief ein und aus.
- Spüren Sie den Krafttierkontakt in Ihrem Körper.
- Bitten Sie das Krafttier um Übermittlung seiner körperlichen Kraft.
- Atmen Sie dreimal tief ein und aus.
- Spüren Sie Ihren Körper.
- Bedanken Sie sich.

Kurztechnik: Mobilisieren von Kraftreserven

Für diese Kurzreise sind unter anderem Kolibri, Pinguin, Kamel, Murmeltier und Moschusochse geeignet.

- Schließen Sie für ein paar Sekunden Ihre Augen.
- Atmen Sie dreimal tief ein und aus.
- Spüren Sie den Krafttierkontakt in Ihrem Körper.
- Bitten Sie das Krafttier um Übermittlung seiner Fett-, Eiweiß-, Wasser- und Energiereserven.
- Atmen Sie dreimal tief ein und aus.
- Spüren Sie Ihren Körper, die Bewegung, die körperliche Frische.
- Bedanken Sie sich.

Kurztechnik: Schnelle Intuition

Für diese Kurz-Intuitionsübung sind unter anderem Wolf, Großkatzen und Katzen, Pferde und Lamas geeignet.

- Schließen Sie für ein paar Sekunden Ihre Augen.
- Atmen Sie dreimal tief ein und aus.

- Spüren Sie den Krafttierkontakt in Ihrem Gefühl.
- Bitten Sie das Krafttier um Übermittlung seiner inneren Wahrnehmung, seines Instinktes.
- Atmen Sie dreimal tief ein und aus.
- Spüren Sie Ihre Intuition, Ihr Gefühl.
- Bedanken Sie sich.

Kurztechnik: Schnelles Spüren

Für diese Kurz-Spürübung sind unter anderem Chamäleon, Elefant, Meerkatze, Fledermaus und Maulwurf geeignet.

- Schließen Sie für ein paar Sekunden die Augen.
- Atmen Sie dreimal tief ein und aus.
- Spüren Sie den Krafttierkontakt mit dem Tastsinn und den Gefühlen.
- Sie bitten das Krafttier um Übermittlung seines Tastsinns und seines Fühlens.
- Atmen Sie dreimal tief ein und aus.
- Spüren Sie Ihren Tastsinn und Ihr Fühlen.
- Bedanken Sie sich.

Kurztechnik: Das dritte Auge der Schlange

Diese Wahrnehmung haben Schlangen. Es gibt aber auch andere Tierarten, die diese Art der Wahrnehmung mit Schlangen teilen, wie das Neunauge und verschiedene Fischarten.

- Schließen Sie für ein paar Sekunden die Augen.
- Atmen Sie dreimal tief ein und aus.
- Spüren Sie den Krafttierkontakt mit dem Dritten Auge, zwischen den Augenbrauen oberhalb der Nasenwurzel.
- Sehen Sie von innen durch Ihr Drittes Auge nach außen. Die Innenseite Ihrer Stirn ist dabei die Leinwand, auf die das Wahrgenommene projiziert wird.
- Bitten Sie das Krafttier um Übermittlung seiner Wahrnehmung mit dem Infrarotauge und dem inneren Sensor.
- Atmen Sie dreimal tief ein und aus.
- Spüren Sie Ihre innere Wahrnehmung und Ihren inneren Sensor.
- Bedanken Sie sich.

Kurztechnik: Der siebte Sinn

Diese Wahrnehmung haben Katzen, Hunde und viele Wildtiere, lange bevor Ereignisse eintreten: Erdbeben und Überschwemmungen ebenso wie Sterbe- und Unfallsituationen.

- Schließen Sie für ein paar Sekunden Ihre Augen.
- Atmen Sie dreimal tief ein und aus.
- Spüren Sie den Krafttierkontakt mit dem siebten Sinn für das Unsichtbare in Ihrem Kopf, gesteuert von der Zirbeldrüse.
- Verlassen Sie sich auf das durch den siebten Sinn ausgelöste Gefühl.
- Bitten Sie das Krafttier um Übermittlung seiner Wahrnehmungen vom siebten Sinn und dem Unsichtbaren.
- Atmen Sie dreimal tief ein und aus.
- Spüren Sie Ihren siebten Sinn und das Unsichtbare.
- Bedanken Sie sich.

Kurztechnik: Abneigung und Zuneigung feststellen

Andere Menschen – und entsprechend ihre Krafttiere – können unterschiedliche Ziele, Gefühle und eine andere Art, das Leben zu gestalten, haben.

- Schließen Sie für ein paar Sekunden Ihre Augen.
- Atmen Sie dreimal tief ein und aus.
- Spüren Sie den Kontakt zu Ihrem Krafttier.
- Fragen Sie, welche widerstreitenden, ablehnenden und aggressiven Tiere Ihr Gegenüber besitzt.
- Sie besitzen die Freiheit, wieder von vorne zu beginnen.
- Atmen Sie dreimal tief ein und aus.
- Bedanken Sie sich.

Kurztechnik: das Krafttier des Gegenübers

Der Kontakt unserer Krafttiere mit dem Krafttier eines anderen Menschen hilft uns bei unseren Aufgaben und Problemen im Umgang mit anderen. Deshalb nehmen wir diesen Kontakt im Kurzverfahren auf.

- Schließen Sie für ein paar Sekunden die Augen.
- Atmen Sie dreimal tief ein und aus.
- Spüren Sie den Krafttierkontakt zu Ihrem Krafttier.
- Bitten Sie Ihr Krafttier in Kontakt mit dem Krafttier der anderen Person zu gehen und mit dessen Krafttier eine Verbesserung der Stimmung, eine Klärung der Aufgabe oder eine Lösung des Problems zu erreichen.
- Lassen Sie diese Arbeit Ihr Krafttier lösen, und mischen Sie sich nicht ein.
- Bleiben Sie präsent, und nehmen Sie wahr, was sich in der Beziehung zu der Person ändert.
- Atmen Sie dreimal tief ein und aus.
- Bedanken Sie sich in diesem Falle innerlich.

Teil 3

»ENWOLFED«

Der Wolf in mir

Das Kapitel »enwolfed« ist ein persönliches Dokument meines Umgangs mit Krafttieren, speziell mit dem Krafttier Wolf. Ich habe dafür teils die Ichform und auch eine poetischere Sprache gewählt, um meine eigene emotionale Erfahrung mitzuteilen, um Sie damit anzuregen und zu beteiligen. Auch meine persönlichen Gruppenerfahrungen bei den Krafttierreisen gebe ich damit subjektiv wieder und will Ihnen somit eröffnen, wie vielfältig, tief, emotional und körperlich die Krafttiererfahrung sein kann und wie diese im Ritual eingebettet das materielle und spirituelle Leben bereichert.

Seit mehreren Jahren beschäftige ich mich mit dem Wolf als Symbol- und Wildtier. Auf vielen Krafttierreisen habe ich mich zu meinem weißen Wolf begeben. Ich bin ihm durch weite Landschaften gefolgt, habe sein tägliches Laufpensum nur mit Mühe geschafft und seine Jagd immer voll freudiger Beteiligung mitgemacht. Ich bin im Rudel gelaufen, bin dort gebissen und gezüchtigt worden und habe es bis zur Übernahme der Führung eines neuen Rudels geschafft. Da war ich aber schon selbst Wolf genug.

Wer Wolf in der Anderwelt wird, wird gefordert und belehrt. Der Wolf, mein Wolf, ist ein Lehrer. Er lehrt mich die Wahrheit. Diese ist klar und auch hart. Die eigene Wahrheit und die der anderen ist hart und schont nicht, sie wird aber auch nicht als Waffe gebraucht. Dort habe ich gelernt, die Aggression im Extremfall zu nutzen und im Normalfall nur die Kraft spürbar werden zu lassen, die darin besteht, Grenzen zu zeigen, bestimmt zu sein und drohend zu imponieren. Der Wolfslehrer zeigt mir einen sinnvollen Umgang mit meinen beschränkten Kräften. Als Führer durch die schamanischen Landschaften dient er mir als sicherer und nur schwer zu ermüdender Begleiter. Er führt mich auf einsame Höhen und in die tiefen, dunklen Wälder. Er hilft mir, die Spur aufzunehmen bei der Krafttiersuche für andere und bei der Neuentdeckung von eigenen Krafttieren. Überrascht war ich, als er mir mehrmals den Weg zu den verlorenen Kindern wies. Sie waren durch ihn, Welpen gleich, geschützt.

Bei den vielen Krafttierreisen wurde mein Wolf auch zum treuen Begleiter meines weißen Pferdes und meines weißen Büffels. Die Grenzen wurden abgesteckt, die Verletzungsgefahr zwischen ihnen erkannt und gemieden, Kräfte und Fähigkeiten für gemeinsame Ziele gebündelt. In fernen Zeiten streifte ich mit meinem Wolf über Schlachtfelder und durch brennende Dörfer. In verschneite, menschenferne Welten verschlug es mich, und unter einem unbekannt leuchtenden Himmel bin ich mit ihm erwacht. Menschen des gleichen Totems liebe ich, und doch gibt es immer wieder einen scharfen Ton, ein Anknurren und Ausprobieren der Kräfte. Fair geht es zu. Ich kann sagen, ich weiß, was sie wollen, und sie wissen, was ich will. Wir heulen den gleichen Mond an.

Es gibt kein nördliches Land und Volk, das sich nicht mit dem Wolf in Wort, Geschichte und Bild verbunden hat. Märchen, Geschichten, Sagen, Überlieferungen von Menschen säugenden Wölfen, von Wolfskindern, von Schuld und Sühne zwischen Mensch und Wolf prägen unsere Volksbücher, Lieder, Tänze und Kinderspiele und diese wiederum unsere Gedanken über den Wolf. Und wie ist es bei Ihnen, wenn Sie auf Ihren Wunsch nach einem Krafttier achten? Ist es vielleicht der Wolf, den Sie sich als Krafttier wünschen? Er verkörpert ein Geheimnis, Kraft, Undurchsichtigkeit und Gefährlichkeit, die wir uns oft als eigene Kraft wünschen, um in unserer Familie, in unserem Beruf oder im öffentlichen Leben besser den Angriffen widerstehen zu können, denen wir dort ausgesetzt sind, und um in besonderen Fällen aggressiver aufzutreten. Wir wollen die

Heilkraft des Wolfes auf unsere Wunden und Verletzungen übertragen, um schneller zu genesen und mit weniger Narben zurückzubleiben.

Das jahrtausendealte Zusammenwirken von Mensch und Wolf, das bis zum Haushund seine Spuren hinterlassen hat, ist bei jagenden Völkern charakterisiert von Achtung, Identifikation und Vorsicht. Bei den sesshaften Menschen ist das Verhältnis zum Wolf, das durchaus einmal eine Lehrer-Schüler-Beziehung war (vgl. Mark Rowlands: *Der Philosoph und der Wolf*, Rogner und Bernhard, 2009) und wieder sein kann, von Angst und Konkurrenzdenken geprägt. Die zivilisierte Gesellschaft sperrte den Wolf aus und schuf sich einen abgegrenzten Garten, um die bedrohliche Umwelt, die gefährliche Wildnis auszugrenzen und das Finstere des Waldes einzudämmen. An der Grenze, auf dem Zaun, saßen die Grenzgänger, Hexen, Schamanen und Wolfsleute – jene Lehrer, die inmitten des verlorenen Selbstverständnisses für andere zu Geheimnisträgern wurden. Sie hielten die Verbindung aufrecht zwischen der geordneten Gesellschaft und der immer unheimlicher und unbekannter werdenden Wildnis. Diese zunehmend zu Außenseitern sich entwickelnden Grenzgänger erregten vermehrt die Aufmerksamkeit der Gesellschaft. Die Verbindung mit Wildtieren einzugehen, insbesondere mit dem Wolf, wurde in Europa zu einem echten Risiko, dem sich nichtsdestotrotz immer

wieder einige stellten, beispielsweise Shaun Ellis (*Der mit den Wölfen lebt*, Arkana Verlag, 2010), Erik Zimen (*Der Wolf*, Kosmos Verlag, 2003) und Tanja Askani (*Wolfsspuren*, AT Verlag, 2004). Heute haben wir in unserer pluralistischen Gesellschaft immerhin wieder die Möglichkeit, diesen Anschluss herzustellen, doch leider fehlen uns jetzt die Tiere in einer zurechtgestutzten Waldlandschaft. Dort, wo sie etwa in Deutschland und Frankreich vereinzelt zurückkehren, werden schon wieder die Gewehre geölt – selbst da, wo keine Jagdlizenzen gestempelt werden.
Wir erleben bei schamanischen Krafttierreisen ganz bewusst und vorsätzlich diese Überschreitung der Grenze und nähern uns dem Wolf, um in uns die noch immer lebendigen, wilden, freien Elemente zu spüren, derer wir so dringend für unsere Vitalität bedürfen. Es entsteht die Religio, die Gottesfurcht, ein spirituelles Erlebnis, wenn wir dem Tier in das Finstere und Unbekannte folgen, wenn wir durch das Erdloch hinübergehen. Wenn wir uns nächtens oder im Dunkeln – manchmal reichen schon die geschlossenen Augen – der Grenze zur Wildnis nähern. Noch besser, wenn wir sie in der Trance überschreiten. Dort, wo wir die Grenze überschreiten, finden wir etwas wieder, etwas, das uns scheinbar verloren gegangen war und das nun seiner Wiederentdeckung harrt. Es gibt die Reisenden, die mit großem Respekt, und solche, die mit großer Angst auf die Wolfsreise gehen. Es gibt solche, die in Abstand und

zurückhaltender Neugier Kontakt aufnehmen, und andere, welche die Nähe des Wolfes suchen, ihn berühren, sich beißen lassen im spielenden und rangbestimmenden Abtasten und auch heftig um Führung oder Unterstützung kämpfen. Wenn wir mit dem Wolf arbeiten, entstehen zunehmend Nähe und Vertrauen in uns und den Wolf. Zuerst aber muss dieses Vertrauen des Wolfs in uns entstehen. Die eingeschriebenen Erfahrungen von Verfolgung und Bedrohung durch Menschen müssen zuerst von unserem Krafttier überwunden werden. Die Wahrnehmung, dass uns der Wolf nicht anlügt, sondern uns offen sein Verhalten zeigt und uns in seinen Signalen genau mitteilt, was er will und mag, gibt uns etwas, das wir aus unserer menschlichen Umgebung selten kennen. Er erteilt uns eine klare Anweisung, wo er uns haben will, was wir tun dürfen oder was von uns erwünscht ist. Wir erleben seine Fürsorge und ebenso die knallharte Wirklichkeit, dass das Überleben der führenden Wölfe Aufgabe von allen ist und über dem Überleben der Mitglieder des Rudels steht. Wolfspezialisten sind immer wieder sehr erstaunt, mit welcher Genauigkeit und Einfühlung die Krafttierreisenden von »enwolfed« über die Lebensweise des Wolfes berichten, wie sie sich in Gemeinschaft mit den Wölfen benehmen, wenn sie sich bei der schamanischen Reise bis in die Wolfsidentität hineinbegeben.
Selbst völlige Neulinge können bei dieser schamanischen

Wolfsreise ihre eigene Identität so weit zurückstellen, dass die Wahrnehmung des Tieres bis in die Zellen, bis ins Blut, bis in die Bewegung hinein gelingt. Gerade der Wolf ist in der Lage, uns als Lehrer, der er ist, durch die Geradlinigkeit und Unsentimentalität seiner Entscheidungen zu zeigen, welch großes Ego uns davon abhält, Notwendendes zu tun. Mit ihm lernen wir, harte, das Überleben sichernde Entscheidungen zu treffen und alles hinzugeben für die Zukunft.

Wenn du lernen willst, danke sagen willst, die Nähe suchst oder einfach eine Freundschaft auf Abstand, dann packe die Maske aus, rufe! Anrufung, heulen! Komm, warte, komm, besuche mich, ich komme dich besuchen. Ich gehe in die Anderwelt, heute nach Norden durch die Mittelwelt.
Oh, bei der Heimfahrt mit dem Auto kreuzte der einsame Wolf, silbergrau und gelb, den Weg. Er passierte das Wäldchen hinauf zum Delta. Morgen wird er schon wieder in den Bergen sein. Es kann schon sein, dass dann dort wieder ein Schaf liegt, gerissen. Doch in den letzten fünf Jahren haben dich nur wenige bemerkt, und die haben das Maul gehalten. Stille. Lernen vom Wolf.

Ist der Wolf grausam?

Homo homini lupus – der Mensch ist dem Menschen Wolf, sagte der römische Dichter Plautus. Nun, was bedeutet das?

Dass der Mensch ein durch und durch rücksichtsloses Wesen ist. In dieser Interpretation besteht aber ein grundsätzliches Missverständnis über die Art und Weise, wie der Wolf in seinem natürlichen Umfeld agiert und lebt. Der Wolf sei ein böses, tödliches Tier, eines, das kleine Kinder frisst, die Pferde von Kutschen reißt, ungerecht ist, wenn er nachts Schafe und Ziegen der Bauern und Nomaden zerfleischt, und grausam, wo er über den Menschen herfällt, wenn er seiner nur habhaft wird. Der Wolf ist demnach ein gnadenloses Tier. Letzteres stimmt übrigens tatsächlich, denn der Wolf *ist* gnadenlos. Wie sollte er auch Gnade benötigen, da er nicht einmal schuldig wird. Nur dort, wo etwas besser gemacht werden könnte, aber nicht getan wird, dort ist Gnade vonnöten – und die ist nur im menschlichen Leben erforderlich. Ein Wolf oder ein Wolfsrudel, das einen Elch zu Tode hetzt, ist nur am Tod des Tieres interessiert, um zu fressen, um das eigene Überleben und das der Nachkommen zu sichern. Wer mitunter maßlos und grausam ist, das ist der Mensch, da ihm auch andere Verhaltensformen zur Verfügung stehen als dem Wolf.
Wenn wir uns im Prozess der schamanischen Krafttierreisen dem Wolf annähern, zuerst zaghaft und ängstlich, dann mutiger und entschlossener, dann erleben wir, wie wir im Kontakt mit dem Wolf selbst die unterschiedlichen Formen der sozialen Struktur, ihre Notwendigkeit und ihren Sinn erkennen. In der Wolfskommunikation mit anderen Wöl-

fen, knurrend, die Lefzen ziehend, die Zähne fletschend, begeben wir uns in Konkurrenz und Abgrenzung. In diesem Austausch von feinen Signalen, der sonst in dem ganzen Lärm von Geheul, Gebell und Knurren untergeht, bekommen wir ein Gefühl dafür, dass der Wolf, gefährlich wie er ist, sehr sorgsam mit der Gefahr umgehen muss. Ja, er muss sie sogar eher meiden als suchen, da jede ernsthafte Auseinandersetzung unter den Wölfen mit tödlichem Ausgang verlaufen könnte. Diese Sorge drückt sich im Imponierverhalten und in Drohungen aus, die zuerst ausgetauscht werden, bevor man sich den schweren Verletzungen aussetzt, die solch ein Kampf zur Folge hätte. Eine wirkliche Gefährdung gibt es, aber sie wird möglichst zurückgestellt, solange die Gruppe insgesamt eine gute Überlebenschance hat. Spüren Sie bei der Wolfsreise diese feine Grenze zwischen Leben und Tod, dann sind Sie auch im Leben bereit, mitunter auf das Rechthaben zu verzichten, den Kampf zu meiden und es beim Imponieren zu belassen. Schon manche Krafttierreisenden haben bei der Reise für ihr Leben das größte Geschenk dadurch erhalten, dass sie endlich mit der Kraft des Wolfes in der Lage waren, auf überflüssige Auseinandersetzungen und bedrohliche Kämpfe zu verzichten.
Bei der schamanischen Krafttierreise werden Sie erkennen, ob Sie wirklich Wolf oder nur Hund sind. Als Hund in der schamanischen Krafttierreise erkennen Sie menschliche Verhaltensweisen, die der Wolf nicht erkennt. So kann es

sein, dass Sie in der Krafttierreise einem Menschen folgen, der etwas versteckt, und Sie nehmen davon als Wolf keine Notiz. Sollten Sie allerdings ein Hund sein, werden Sie dort schnüffeln und suchen, um festzustellen, was dort versteckt sein könnte. Wenn Sie sich noch nicht ganz mit dem Wolf identifizieren, werden Sie mit Ihren menschlichen Denkmustern an dieses Versteck herangehen.

Spüren und fühlen

Erwecke ich den Wolf in mir, werde ich zärtlich zu den Jungen und hart, durchsetzungsfähig, zornig, mahnend und drohend gegenüber Gruppenmitgliedern, die dem Rudel schaden oder ihr Fortkommen gefährden. Wachsam bin ich und wach in der Nacht, wenn der Mond scheint, den ich anheule. Dabei entdecke ich die Geheimnisse, die im Dunkeln vergraben oder verborgen sind. Ich brauche nur das, was ich verbrauchen kann und was zum Überleben notwendig ist.
Kleine Verletzungen sind mir nicht wichtig, große heilen, manchmal behindern sie mich, und manchmal sterbe ich daran. Manchmal ist das gewollt. Bei den Opfern, bei den Gegnern, bei den eigenen Verwandten, wenn es erforderlich ist.
Die Partner sind verpflichtet. Sie führt, er leitet.
Die Füße kennen den Boden der Welt, die Erde. Ich steige nur in die Berge, klettere auf keine Bäume, außer sie sind umgestürzt. Ich lege innerhalb meines Reviers große Stre-

cken zurück. Ich grenze es ab und dehne es bei Gefahr des Verhungerns aus, manchmal bei der noch größeren Gefahr des Getötetwerdens durch die Gegner, deren Grenzen ich dabei überschreite. Ich rieche den Braten. Ich werde tatsächlich verfolgt. Oft von den domestizierten Kriechern. Die Körperwahrnehmungen und die Emotionen, die Gefühle und Gedanken, die bei dem Prozess des »enwolfed«-Seins entstehen, drücke ich aus.

Opfer und Feinde

Verfolgt, verletzt, sogar getötet werden die Wölfe. Da gibt es die feindlichen Wolfsrudel, die schonungslos um ihr Überleben kämpfen, die Bären, die unbewachte Wolfsjunge aus der Höhle ziehen und fressen. Adler verfolgen jagend die Wölfe aus der Luft und schlagen ihnen ihre Krallen in den Rücken. Dann gibt es Menschen, die Wölfe verfolgen, um deren Fleisch und Fell zu erbeuten, Schafe und Rinder zu schützen, leider immer öfter aus tiefer, eigenartig begründeter Abneigung, Menschen, die aus purer Jagdlust töten. Solche Jagden gipfeln dann in Quälereien der Wölfe mit heißen Eisen, Schlägen und Würgewerkzeugen oder darin, junge Wölfe zu schlecht geratenen Hunden abzurichten, die wegen ihrer natürlichen Unfolgsamkeit gegenüber dem Menschen schließlich getötet werden.
Die Wölfe haben auf ihrer Speisekarte Kleintiere wie Frösche, Mäuse, Erdhörnchen, Wachteln, Fasane, Hasen und

große Beutetiere wie Reh, Hirsch, Elch und Bison. Sie müssen sehr genau und zielgerichtet jagen, um ihre Kräfte sparsam einzusetzen.
Bei »enwolfed« überprüfen die Teilnehmer ganz selbständig, mitten in der Trance, ihren Aufwand, ihren Krafteinsatz und ihr Tempo, um ein Ziel zu erreichen. Sie merken sogar, dass sie mehrere Rehe gleichzeitig verfolgen und ihnen ein jedes entkommt.

Wer durch Klopfen auf den Boden zurückgekommen ist, schreibt meist sehr kluge und überraschende Gedanken zu seinem Brotberuf, seinem Gelderwerb und seinen Liebesbeziehungen auf. Zu viel, zu oft, zu schwer, zu viele Ziele, zu wenig Konzentration, Verzicht auf Hilfe, eigensinnige Verfolgung egoistischer Sonderläufe – all das wird von den Teilnehmern im Leben festgestellt, und es entsteht das Bedürfnis, diese hemmenden Grenzen zu überwinden.

Raben und Wölfe

In der schamanischen Krafttierreise suchen wir als Wölfe unser Ziel. Raben kreisen dort und Krähen sitzen schon lange in den Ästen. Das wissen Wolf und Krähe. Wir haben keinen freundlichen Umgang, aber einen von leben und leben lassen. Bären sind uns egal, manchmal neugierig beäugt, aber es ist grässlich, wenn sie unsere Jungen im Bau mit ihren mächtigen Kiefern zerbeißen und fressen. Wir nehmen uns auch manchmal ein dünnes und nasses Bärenkind. Elch, Karibu und Wapiti jagen wir gerne, wenn wir im Rudel und kräftig sind, die Opfer geschwächt durch Fußverletzungen oder Krankheiten. Wir folgen ihnen, wenn ihre Ausdünstungen von Zeckenfieber und Nasenfliegen weit hinaus getrieben werden durch den Wald oder die Steppe, Taiga, Moorheide. Aber wir beenden möglichst jede Jagd, die zu lange dauert, rechtzeitig, um unsere Kräfte zu schonen. Alleine ist mir jede Maus willkommen, jedes Gelege eine erfreuliche Gelegenheit zum Fressen und jeder Hase schon ein Festschmaus. Es kann sein, dass uns Fisch über einige Zeiten nährt. In den Landschaften schaffen wir einen Ausgleich, wir folgen in unserer Vermehrung dem Angebot an Nahrung. Unser Nachwuchs muss überleben. Gejagt werden wir von altem Hass, und wir werden von jungem Neid verfolgt.

Vom Wolf lernen

Der Wolf lernt, langfristige Verbindungen nicht den kurzfristigen und dennoch fruchtbaren Allianzen zu opfern. Der Wolf lernt den Feind kennen und meidet ihn. Furcht bekommt er, wenn er nicht genau genug gelernt hat. Bei der Flucht sieht er sich immer wieder um. Er lernt noch im Davonlaufen. Von wem kann man das schon behaupten?! Das Versagen seiner instinktiven Intelligenz lässt ihn flüchten. Kennt er sich aus, findet er Schleichwege oder wird gar mutig bis zur offensiven Sichtbarkeit, zeigt sich in Dorf und Stadt und verschwindet wieder, als wäre er nur ein Schatten, der andere fürchten macht. Das Rudel taucht auf, als wäre ein Wolf an vielen Stellen gleichzeitig, und es heult, als wären es mehr, als wirklich da sind. Wenn der Wolf etwas nicht riechen kann, ist er im Leben gefährdet. Ist es zu laut, hört er nicht mehr. Dann fahren die noch größeren und schnelleren über ihn hinweg. Zum Hören braucht es die Stille. Lernen vom Wolf: Die innere Stimme und die äußeren Laute dringen nur zu mir, wenn es still ist. Stille. Lernen vom Wolf.

Auf dem Hügel einen Aussichtspunkt, einen Überblick haben, die Bewegungen sehen, das Leben dort unten spüren und wahrnehmen und achtsam sein, nicht gierig, den Magen zu füllen. Nachdenken, blitzschnell, knapp, klar. Entscheidungen, sofort, nach allen Regeln; abwarten mit Überraschungen. Kreative Abwandlungen. Lernen vom Wolf.

Soziale Beziehungen und Nahrungserwerb

Der Wolf ist einsam nicht sehr erfolgreich, er braucht die soziale Gruppe, das Rudel, für Bewachung, Nahrungserwerb, Verteidigung und Versorgung der Jungen. Erfolgreich sind die Wölfe in einer Welt, in der die Nahrung nicht zu knapp ist, sonst wird das Rudel verkleinert, indem Schwächere vertrieben und getötet werden oder einfach verhungern. Solch eine verkleinerte Gruppe ist wiederum durch größere

Rudel gefährdet. Sie stellen eine Gefahr für das Überleben dar.
Die Reihenfolge der Nahrungsaufnahme ist nach Hierarchie und Notwendigkeit gestaltet. Trächtige Wölfinnen oder säugende Wolfsmütter haben Vorrang vor anderen, und auch die Stücke des erbeuteten Wildes werden nach hierarchischen Prinzipien vergeben. Bestimmen Sie mit Hilfe Ihres Wolfes, welche Aufgaben Sie in der Gemeinschaft erfüllen wollen und welchen sozialen Rang Sie einnehmen.

Mythos Wolf

Der Wolf, Totemträger oder Maskenbesitzer, verwandelte Gestalt im grauen Nebel der Mondnächte, ist ichverloren bis zum heranbrechenden Morgen. In der Nacht war er der wilde Wolf, die königs- und kinderfressende *prima materia*. In der gespiegelten Furcht vor der eigenen menschlichen Mordlust wurden die Kinder in den Häusern festgehalten. Verschlossen wurden die Türen von Stall und Haus vor dem Angst und Starre verbreitenden Heulen. Verkörperung der Doppelnatur des Merkur: Hund und Wolf, Domestiziertes und Wildes vom gleichen Blut, von Menschen genährt und gezähmt, der Hund im Haus, der Wolf dort draußen.
Sich durch die Nacht fressend beißt der Wolf Stücke aus dem Mond, bis dieser verschwunden ist. Auf dem Sirius, auch Hundsstern genannt, warten die Wölfe, sternengeboren, darauf, von der erdgeschlüpften Wachtel am heranbre-

chenden Tag abgelöst zu werden. Durch die Selbstentzündung in der Morgensonne hat der Wolf sich wieder befreit und wurde zum neuen König.
Für diesen mythischen Tanz schaffen wir uns eine Wolfsmaske. Wir tanzen den Wolfstanz und heulen mit dem Mond. Wir riechen und hören in die trockene Ebene und die feuchte Höhe hinauf. Wir sind selbst ein Mythos. Ein *homo lupus*.

Das Märchen vom Wolf

Untersuchen wir jetzt das Märchen vom Rotkäppchen unter dem Aspekt der verschiedenen Tierträume und als Beispiel dafür, wie Sie mit Ihren Tierträumen umgehen können und den höchsten Gewinn daraus ziehen.
Das Märchen schildert den Wolf, der weiß, dass das Rotkäppchen zur Großmutter kommt. Er frisst die Großmutter und verspeist dann das Rotkäppchen. Da das auch gelingt, muss sie sich selbst oder durch einen Jäger aus dem Bauch des Wolfes befreien.
Beschäftigen wir uns damit, dass der Wolf die Großmutter gefressen hat und im Bett liegt. Das Mädchen Rotkäppchen besucht die Großmutter und hat einen Fresskorb dabei.
Wenn Sie diesen Tiertraum haben, können Sie untersuchen, ob Sie sich mit dem Rotkäppchen, der Großmutter oder dem Wolf im Traum identifizieren und welche Gefühle Sie aus der Traumnacht mit in den Tag nehmen. Als Groß-

mutter fühlen Sie sich vielleicht am Morgen vernichtet, als Wolf satt und raffiniert, als Rotkäppchen unschuldig oder freundlich. Vielleicht sind Sie naiv, oder Sie haben das Gefühl, gefährdet zu sein. Sollten Sie aber die Großmutter im Traum sein, könnten Sie vom Wolf gefressen, ja einverleibt worden sein. Bei dieser Verwandlung würden Sie direkt in den Wolf und damit in seine Kraft eintauchen. Vielleicht ist es Ihnen schon gelungen, der Wolf zu sein und die Heilung zu erleben, die vom Wolf ausgeht, wo Sie doch vor kurzem noch krank im Bett lagen und vom Rotkäppchen versorgt werden mussten.

Sie sind als Wolf wieder bei Kräften und haben Lust und Hunger, sich mit der Kraft des kleinen Mädchens zu verbinden? Zu Ihrer Wildheit als Wolf fügt sich also noch die gesunde, pausbäckige, naive Kraft des kleinen Kindes. Vielleicht erleben Sie als Wolf auch, dass Sie das Rotkäppchen gar nicht fressen wollen, sondern dass es Welpenschutz hat und sich die großmütterliche Liebe mit der wilden Kraft des Graupelzes vereint und voller Fürsorge ist.

Wenn Sie aber das kleine Mädchen sind, haben Sie die Angst, von dem Wolf gefressen zu werden, oder er erscheint Ihnen als Verwandter, als Krafttier, das die Eigenschaften der Großmutter von Weisheit und Liebe vereint und dennoch auch die Schärfe und Wildheit sichtbar macht, die in einem langen Leben erworben wurden.

Die Großmutter im Wald führte ein zurückgezogenes Leben. Wenn das Rotkäppchen kommt, ist das ein seltener Vorgang und für den Wolf die Gelegenheit, mit der menschlichen Welt in Kontakt zu treten. Der Wolf hält sich normalerweise fern vom Menschen und kann doch nicht umhin, ihm zu begegnen. Das Mädchen muss in den dunklen Forst. Dort im finsteren Wald liegt die Heimat des Wolfes. Wenn Sie dem Wolf als Rotkäppchen begegnen, haben Sie auch die Auseinandersetzung mit dem Zivilisierten, das Sie gerade hinter sich zurückgelassen haben, und dem Wilden, das noch vor Ihnen liegt. Sie suchen die Großmutter auf und setzen sich einem noch wilderen Wesen aus, als Sie erwartet haben. Diese Großmutter hat wirklich große Augen, Ohren und Zähne. Die Camouflage des wilden Lebens durch zivile Gegenstände, das Nachthemd und die Nachtmütze der Großmutter, ist eine Form der Verharmlosung der wilden Natur. Sie entspricht unserem Wunsch nach einer gutartigen und liebevollen Tiernatur. Doch wir müssen in unseren Krafttierreisen auch gewärtig sein, dass das Tier wild bleibt, dass es ein eigenes Leben führt.

Engagement und der Wolf

Wer den Wolf für sich entdeckt hat, macht Engagement zum Lebensthema. Der Wolf ist »enwolfed«, eben engagiert. Es ist nichts beiläufig. Spiel, Zeugung, Rangkämpfe sind ernst. Der Wolf ist verlässlich. Man sieht an seinem Gesicht, seinen Ohren und seiner Köperhaltung, wie er sich fühlt und welche Emotionen er hat. Er zeigt deutlich Grenzen, behütet und verteidigt sie. Der Nachwuchs und das Überleben der Sippe sind wichtiger als das des Einzelnen.

Ausblick

Was durch Krafttierreisen möglich ist

Haben Sie eine Anzahl von Übungen durchgeführt, Krafttierreisen mehrfach wiederholt und mit Freunden und in der Gruppe Erfahrungen gesammelt? Wie kann es für Sie jetzt weitergehen? Der tägliche Umgang mit dem Krafttier erleichtert die Justierung der Führung durch das Krafttier. Es ist eine leise und hörbare Einsage, die das Ohr oder das Herz trifft. Die Krafttiere fördern oder hemmen Entscheidungen, wenn die Intuition wach genug ist und zugelassen wird. Die Kommunikation zwischen Personen und Gruppen kann durch regelmäßigen Kontakt von Krafttier zu Krafttier verbessert werden. Das bedeutet nicht, dass alles immer nur gut und angenehm verläuft. Eine Verbesserung ist auch erreicht, wenn Sie eine Situation verlassen oder mit klaren Worten, die ungern gehört werden, kommentieren. Ihre Handlungen können kraftvoll und zielgerichtet werden.

Nutzen Sie die Krafttierarbeit für Ihr spirituelles Fortkommen und für Einsichten über Zusammenhänge der Welt, die Ihnen sonst verborgen blieben. Zugleich eröffnet sich Ihnen ein Reservoir an zusätzlichen Fähigkeiten, die hier ansatzweise vorgestellt wurden.
Es kann sein, dass sich Ihre Stimme ändert, der Ausdruck Ihrer Augen schärfer und Ihre Bewegungen weicher werden. Sie packen mit Ihrem Krafttier besser zu oder trauen sich, größere Höhen zu erklimmen. Die Dunkelheit ist Ihnen nicht mehr so unheimlich und undurchdringlich, oder die heiße Sonne wird für Sie erträglicher.
Beobachten Sie, was in Ihrem Leben geschieht. Hüpfen Ihnen die Hunde, seit Sie Ihr Krafttier kennen, freiwillig auf der Straße in die Arme, oder meiden Sie jetzt die Tauben, die sonst Ihren Balkon verunreinigten? Sie werden es sehen. Freuen Sie sich auf die Reisen und die Entdeckungen von Landschaften, Orten, Naturreservaten, Seen und Höhlen. Erforschen Sie die Grundlagen Ihres psychischen Wohlbefindens, und beobachten Sie Ihre Fehler. Suchen Sie mit dem Krafttier nach der Erweiterung Ihres Handlungsrepertoires, und nehmen Sie das kreative Angebot der Visionen wahr, die Ihnen auf diesen Reisen geboten werden. Reisen Sie mit anderen und für sie, und erleben Sie die soziale Verbundenheit, die Nähe der sich entwickelnden spirituellen Gemeinsamkeit, die Lust am gemeinsamen Entschlüsseln

und Interpretieren der Reisen, die Ihnen möglicherweise mehr zu verbergen scheinen als zu offenbaren.

Psychische Gesundheit und Krafttiere

Bei psychischen Problemen und Belastungen sind die Krafttierreisen hilfreiche Instrumente, um die inneren Bilder und die auftretenden Irritationen in der Außenwelt miteinander abzugleichen. Wenn Sie psychotherapeutisch betreut werden, teilen Sie mit Ihrem Therapeuten bzw. Ihrer Therapeutin Ihre Einsichten und beziehen Sie ihn oder sie mit ein. Benützen Sie Ihr Krafttierreisetagebuch, um die Entwicklungsschleifen, die es hin und wieder gibt, zu erkennen. Nehmen Sie sich auf dem Weg der Krafttierreisen auch zu Herzen, dass das Leben sich verändert und ebenso die Tiere, dass es auch hier Höhen der Freude und Lust gibt sowie Tiefen des Schmerzes und des Verlustes. Geben Sie Ihren Körperorganen die Chance, sich mit der Entdeckung der Kraft zu entfalten, zu stärken und zu regenerieren. Lassen Sie zu, dass sich Ihre Hormondrüsen in der Obhut Ihrer Tiere zu ausgewogenen Leistungen einpendeln. Geben Sie der Gesundheit Ihres Körpers und der Stärke Ihrer Psyche die Unterstützung, die seit Jahrtausenden den Menschen aller Kontinente durch die Krafttiere zur Verfügung steht.

Seien Sie auf Ihren Reisen aufmerksam und wach, so gut es geht, und unterstützen Sie Ihre Krafttiere im Kampf ums Überleben. Geben Sie Ihren Krafttieren das, was sich diese wünschen, um gegenseitig gestärkt und ermuntert in der Welt Nachkommen zu zeugen und zu erziehen. Tragen Sie, aufgeweckt durch Ihre Krafttierreisen, bei zum ökologischen Gleichgewicht dieser Erde. Denn die Krafttiere bieten auch einen Heilversuch an der Fauna, an der Flora und am Kosmos an.

Und zum Abschluss …

Gerne möchte ich Ihnen noch die folgende wunderbare Übung für Ihren Rücken ans Herz legen. Wenn Sie der Rücken schmerzt, dann ist diese Übung genau die richtige für Sie!

Übung: die Schlangenkraft

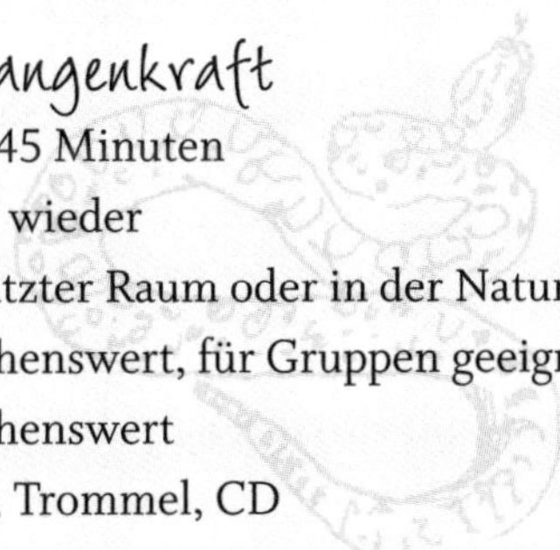

Dauer:	20 bis 45 Minuten
Wiederholung:	immer wieder
Ort:	geschützter Raum oder in der Natur
Begleitung:	wünschenswert, für Gruppen geeignet
Leitung:	wünschenswert
Hilfsmittel:	Rassel, Trommel, CD

- Schließen Sie die Augen.
- Atmen Sie tief ein und aus.
- Stellen Sie sich eine liegende, eingerollte Schlange im Becken, in der Nähe des Kreuzbeines vor.
- Stellen Sie sich die Größe und die Farbe der Schlange vor, deren Muster und ob sie giftig oder ungiftig ist.
- Atmen Sie bis ins Becken zur Schlange hinein. Vielleicht müssen Sie dazu zweimal einatmen.
- Beatmen Sie die Schlange mit dem Einatmen

so, dass sie beginnt, sich mit dem Ausatemstrom aufzurichten und mit dem Kopf voraus in Ihrem Rücken nach oben zu steigen.

- Beatmen Sie die Schlange so lange, bis ihr Kopf in Ihrem Nacken endet und die Schwanzspitze noch mit dem Kreuzbein verbunden ist.
- Dann begrüßen Sie die Schlange.
- Fragen Sie, für welchen Teil von Ihnen sie zuständig ist, und nach ihrem heilsamen Namen.
- Wenn das Gespräch zu Ende ist, lassen Sie die Schlange mit jedem Ausatmen weiter in die eingerollte Ursprungshaltung zurückkehren.
- Die Schlange kommt wieder in Ihrem Becken an.
- Atmen Sie dreimal ein und aus und kommen Sie zurück.
- Dann danken Sie.
- Fühlen Sie, wie sich Ihr Rücken anfühlt.

Nehmen Sie dieses Buch immer wieder zur Hand, und machen Sie die Übungen. Lassen Sie sich Zeit. Dann wird in Ihnen der Wunsch erwachen, mehr von der schamanischen Welt kennenzulernen. Dazu gibt es viele Möglichkeiten: Kurse, Seminare, Abendveranstaltungen und Trommelkreise, die Krafttierreisen oder schamanische Reisen machen.

Der Autor

Copyright Bernd Jung

Willee Regensburger wurde 1954 in Bayern geboren. Er arbeitete als Krankenpfleger, studierte Gartenbau in Weihenstephan sowie Ethnologie und Volkskunde an der LMU München. Seit dreißig Jahren ist er als freier Maler, Plastiker und Performancekünstler tätig. Er durchlief mehrere schamanische Initiationen und führt seit 2000 seine eigene schamanische Heilpraxis. Neben Einzelsitzungen, Vorträgen und Seminaren bietet er auch schamanische Ausbildungen an. Er lebt im Chiemgau.

Kontakt

Für Ihre Anfragen wenden Sie sich bitte an den Autor Shaman-Willee Regensburger. Auf seiner Website finden Sie weitere Anregungen für Krafttierreisen und für Krafttierseminare sowie die aktuellen Termine:

www. shaman-willee.de

Wie Schamanen sich und die Welt heilen

Geistreisen werden bei den Schamanen genutzt, um verlorene Seelenanteile zurückzuholen und die eigene Bestimmung zu finden. Ein Weg zu Heilung und persönlichem Wachstum.

ISBN 978-3-442-21765-6

Das Leben ist nichts als ein Traum, und die Welt ist, was wir durch unsere Gedanken und Vorstellungen ins Dasein hineinträumen. Schamanen traditioneller Naturvölker wussten dies, und sie entwickelten Techniken, um ihre Realität zu verändern.

ISBN 978-3-442-21857-1

GOLDMANN ARKANA

Überall, wo es Bücher gibt und unter www.arkana-verlag.de

Alberto Villoldo – Vermittler schamanischen Heilwissens

Die Inkas besaßen ein außergewöhnliches Medizinsystem. Alberto Villoldo studierte die heilende Macht dieser Tradition und ermöglicht mit seinem Programm, sich selbst und andere zu heilen sowie Krankheiten zu vermeiden.

ISBN 978-3-442-14216-3

Alle Schöpfung besteht letztlich aus Licht. Villoldo verbindet tiefgründige schamanische Einsichten mit praktischen Übungsanleitungen für umfassende Heilung.

ISBN 978-3-442-21805-9

GOLDMANN ARKANA

Überall, wo es Bücher gibt und unter www.arkana-verlag.de

Wie können wir spirituelle Arbeit nutzen, um uns in Krisenzeiten zu schützen?

224 Seiten.
ISBN 978-3-442-33859-7

Sandra Ingerman zeigt, wie wir in Zeiten des Umbruchs und der Krise unsere positive Energie schützen und stärken und damit negativen Einwirkungen von außen widerstehen können. Ein Buch von fast schwärmerischer Poesie, das eine wunderbare Welt der Fülle, der Schönheit und des Friedens eröffnet.

Überall, wo es Bücher gibt und GOLDMANN ARKANA unter www.arkana-verlag.de